تركـيا في عـهد رجـب طيب أردوغان

سمير ذياب سبيتان

الجنادرية
للنشر والتوزيع
ALJANADRIA

الطبعة الأولى 2012

المملكة الأردنية الهاشمية

رقم الإيداع في المكتبة الوطنية

2011/10/3904

الرقم التصنيف:953.07

إسم الكتاب: **تركيا في عهد رجب طيب أردوغان**

إسم المؤلف: سمير ذياب اسبيتان

الواصفات: /تركيا/تاريخ تركيا

الجنادرية للنشر والتوزيع

الأردن- عمان - شارع الجمعية العلمية الملكية

مقابل البوابة الشمالية للـجامعة الأردنية

هاتـــف: 00962 6 5399979

تلفاكـــس: 00962 6 5399979

ص.ب520651 عمـــان 11152 الأردن

Website: www.aljanadria.com

E-mail: dar_janadria@yahoo.com

info@aljanadria.com

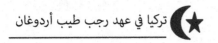

المقدمة

إن الأسباب التي اتخذتني لأختيار هذا الموضوع وخاصة في هذا الوقت ، المواقف المشرفة لرئيس وزاراء تركيا رجب طيب اردوغان من القضايا العربية والإسلامية ، وخاصة القضية الفلسطنية ، وسعيه لتخفيف وفك الحصار عن قطاع غزة ، وإرساله قافلة المساعدات (مافي مرمره) إلى قطاع غزة ، وعلى متنها مجموعة من النشطاء من مختلف اقطار العالم وخاصة من تركيا ، وأدى الهجوم الاسرائيلي على هذه القافلة مقتل تسعة نشطاء اتراك .

وموقف رئيس الوزراء من الثورات العربية التي حصلت في بعض البلدان العربية (تونس،مصر،ليبيا،اليمن ،سوريا) ، وتأييده لهذه الثورات واوقوفه إلى جانب ادارة هذه الشعوب .

وقد بدأت كتابي بالتحدث عن تاريخ الدولة العثمانية ، حيث كانت أكبر دولة قامت في قرون التاريخ الإسلامي المتأخر، وامتدت فتوحاتها إلى ثلاث قارات هي أسيا ،وأوروبا ،وإفريقيا، وتركت بصمات قوية في تاريخ العالم عامة والإسلام خاصة .

وموقف السلطان عبد الحميد في وجه اليهود بقوة ، ومنعهم من إقامة وطن قومي لهم في فلسطين ، ورفضه لكل الأغراءات التي قدمتها له الحركة الصهيونية

، وأصدر أمرا بمنع هجرة اليهود إلى فلسطين .

<u>رئيس الوزراء رجب طيب اردوغان</u> :-

مولده أسرته من أصل جورجي ، حياته ، طفولته البكره ، ونشأته في اسرة فقيرة ومعاونة والده في توفير قسم من مصروفات تعليمه.

انضمام اردوغان إلى حزب الخلاص الوطني بقيادة نجم الدين أربكان في نهايـة السبعينات ، وعند إلغاء جميع الاحزاب في تركيا عـام 1980م ، وبحلـول عـام 1983م عادت الحياة الحزبية إلى تركيا وعاد نشاط اردوغان من خلال حـزب الرفـاه ، ورشـحه الحزب إلى منصب عمدة اسطنبول وذلك عام 1984م ، وقد عمل عـلى تطويـر مدينـة اسطنبول من خلال تطوير البنية التحتية للمدينة .

تأسيسه مع عدد من الأعضاء منهم عبدالله غول حـزب العدالـة والتنميـة عـام 2001م ، وتزعمه لهذا الحزب وفوز الحزب بالانتخابـات التـشريعية عـام 2002م ، وفي عام 2003م تمكن اردوغان من تولي رئاسة الحكومة ، وقد حاول خلال ولايتـه لمنصب رئيس الوزراء التأكيد على نهجه الوسطي ،وأن حزبه ليس حزبا دينيا بـل حزبا اوربيا محافظا ، يتبع مسار محافظ يتبع مسار محافظ ليبرالي، معتـدل ، غير معـاد للغـرب ، يتبنى رأسمالية السوق يسعى لانضمام تركيا إلى الاتحاد الاوروبي.

4

ومـن ناحيـة الاقتـصاد اصبحت تركيـا في عهـد اردوغـان تتمتـع بمعـدلات نمـو اقتصادية تقترب من مثيلاتها في الصين ، كما تنافس الشركات التركية بنجاح في الاتحاد الاوروبي والشق الاوسط وأفريقيا وأسيا الوسطى .

واشتمل الكتاب عدة من المواضيع الهامة والمتفرقة:

❖ العلمانية في تركيا وكيف تكونت وذلك عـن طريـق الطلاب الاتـراك الـذين يدرسون في الغرب ، وذلك في القرن الثامن عشر .

❖ الدولـة القوميـة التركيـة وكيـف استطاع مـصطفى كـمال بـالتفريق بـين السلطتين الدينية والسياسية ،

❖ وحقق غايته بتأسيس دولة قومية تركية تكون بديلة للخلافة الاسلامية .

❖ الإعلام وكيف يعتمد صانعوا السياسة في تركيا عـلى وسائل الاعلام كـأداة أساسية للتعبير عن مواقفهم وسياساتهم.

❖ وكيف تطورت حركة العولمه من خلال وسائل الاعلام.

❖ الجيش الـتركي وكيـف لعـب دورا مهـما وأساسـيا في مجمـل الحسابات السياسية ، كيف اصبحت تركياعضوا في حلف الشمال الاطلسي(الناتو).

❖ وتدخل الجيش بشكل مباشر في سلسلة انقلابات حيث أربعة انقلابات عسكرية خلال أقل 40عام.

❖ تركيا والغرب في عهد اردوغان وكيف سادت في الركب الاوروبي منذ

فترة طويله ، حيث قامت تركيا عام 1963م بالتوقيع على اتفاقية انقره التي تقضي بقبول عضو بترا التامة في الاتحاد الاوروبي ، وفي عام 1989م أعلن الاتحاد الاوربي أن تركيا دولة ملائمة للعضوية في الاتحاد الاوربي .

- سياسة حكومة رجب طيب اردوغان حيث تقوم هذه الحكومة بممارسة سياسة خارجية ذات اتجاهين،من جهة تسعى لتحقيق قبول العضوية تركيا في الاتحاد الاوربي ،ومن جهة اخرى تعمل جاهده في توثيق وتعزيز العلاقات مع الدول العربية والإسلامية.

- تركيا والعالم الاسلامي حيث ان الدين الاسلامي يعتنقه أغلبية المواطنين ، وبوصول أربكان إلى السلطه في تركيا عبر حزب الرفاد في عام 1990م حيث دعا إلى عودة تركيا لجذورها الاسلامية وتطوير العلاقة مع العالم لإسلامي ، واسس مجموعة الثماني الاقتصادية التي تضم ثماني دول اسلامية ، وبعد ذلك دور حزب العداله والتنمية حيث احدث الحزب تحولا نسبيا في علاقات تركيا بالعالم الإسلامي منذ توليه الحكم عام 2002م .

- اردوغان وأيزن وكيفية التعامل مع النفوذ الايراني الذي ازداد زخما بعد الاحتلال الامريكي للعراق ، الامر الذي شكل تهديدا للإمن القومي

التركي.

- علاقة تركيا بإسرائيل حيث كانت اول دولة اسلاميه تعترف بإسرائيل وتقيم معها علاقات دبلوماسيه وذلك عام 1949م ،واخذت هذه العلاقه تبرد مع استمرار الحروب الاسرائلية (1958،1967، 1982) وفي فترة حكم اردوغان تازمت هذه العلاقة عندما قامت اسرائيل بمهاجمة اسطول الحريه الأول وأدى هذا الهجوم ألى مقتل تسعة مواطينن اتراك وكان ذلك في شن مايو 2010.

- وتركيا تطلب الاعتذار ودفع تعويضات لعائلات الضحايا حتى تعيد العلاقات معها إلى طبيعتها ،تركيا بقيادة اردوغان والجيران العرب وكيف شكلت الثوره العربيه الكبرى عام 1916م فراقا بين الأتراك والعرب ، وكيف تم الانفصال عن الجوار في عهد مصطفى كمال تاتورك وفي الثمانينيات من القرن الماضي حاول الرئيس تودكوت أوزال توطيد العلاقات مع العالم العربي .

- وفي عهد اربكان عام 1996م تم توطيد العلاقه مع العالم الاسلامي فتشكل مجموعه الدول الصناعيه الاسلاميه الثماني -دي لا- على غرار الدول الصناعيه الكبرى الثماني .

- وفي عهد اردوغان قامت علاقات حزب العدال والتنمية برئاسة رجب

طيب اردوغان مع الدول العربيه على اساس المصلحه المشتركه وليس وحدة الدين والعقيدة ،اردوغان والثورات العربية.

❖ وذلك من تأيده للثورات التي حصلت في تونس ، مصر، اليمن ، ليبيا، سوريا وزيارته الاخيره إلى ثلاث دول مصر ، تونس ، ليبيا .

وبالنهاية أسال المولى عزوجل أنيفغر لي ماقد يقع مني من خطأ أو الهو فالكمال له وحده ،كما أسأل ان ينتفع بهذا الكتاب كل قارئ له .

والسلام عليكم ورحمة الله وبركاته.

سمير ذياب سبيتان

تاريخ الدولة العثمانية

يقول المؤرخون إن الدولة العثمانية كانت أكبر وأبقى دولة أنشأها قوم يتكلمون اللغة التركية في العهود الإسلامية. وهي إلى جانب ذلك أكبر دولة قامت في قرون التاريخ الإسلامي المتأخرة. لقد كان مركزها الأصلي "آسيا الصغري" في أقصي-الركن الشمالي الغربي من العالم الإسلامي، ثم امتدَّت فتوحاتها إلى ثلاث قارات هي : آسيا وأوربا وإفريقيا. وتركت بصمات قوية في تاريخ العالم عامة والإسلام خاصة، فكيف تم للأتراك العثمانيين ذلك؟ ومَنْ هم؟ ومن أين جاؤوا؟ أسئلة كثيرة تخطر بالبال حين يذكر أولئك الأتراك العثمانيون، ويتساءل الكثيرون عن أصلهم، ولابد من طرح هذه الأسئلة قبل الحديث عن حكمهم وفتوحاتهم. يعتقد الكثيرون أن أصلهم من أواسط آسيا، وقد هاجروا في جماعات نحو الغرب، حتى استقروا أخيرًا في القرن السادس الميلادي بالقرب من منطقة بحر قزوين والجهات الواقعة شمال وشرق بلاد فارس. وفي أيام الدولة الأموية، تمكنت الجيوش الإسلامية من الوصول إلى منطقة سكناهم، إلا أنهم لم يعتنقوا الإسلام جديًا إلا في أوائل العصر- العباسي. وقد قربهم الخليفة المعتصم حين أراد أن يقضي على سيطرة الفرس الذين كانوا يتمتعون بنفوذ كبير في الدولة العباسية وبخاصة في عهد المأمون. وفي أواخر القرن الخامس الهجري، الحادي عشر الميلادي جاءت موجة أخرى من الأتراك (المعروفين بالسلاجقة) وعلى رأسهم "طغرل بك"، وقضوا على

نفوذ البويهيين في بغداد، وخلصوا الخليفة العباسي من استبدادهم، وتقدموا حتى هددوا القسطنطينية، فتكتل المسيحيون في أوروبا، وكان ذلك بسبب هزيمتهم أمام السلاجقة في ملاذكرد، وقاموا بتلك الحروب الصليبية التي أمدَّت في عمر القسطنطينية أربعة قرون. كيف تكونت دولة الأتراك العثمانيين؟ في حوالسنة 622هـ/1224م كانت جيوش التتار بقيادة جنكيز خان تتقدم إلى الغرب في اتجاه الدولة العباسية. ومن بين الذين فروا أمام الزحف التتري مجموعة من الترك كانت تسكن منطقة "خُوارزم"، فتحركوا غربًا حتي وصلوا إلى آسيا الصغري بالقرب من دولة "سلاجقة الروم" سنة 1250م تقريبًا. وهناك اتصل قائدهم "أرطغرل" بالسلطان علاء الدين زعيم دولة سلاجقة الروم (وهم فرع آخر من نفس الجنس التركي)، فوافق علاء الدين على وجودهم، ومنحهم منطقة حول أنقرة ليستقروا فيها علىالحدود بين دولته ودولة البيزنطيين. فلما وصلت جيوش المغول إلى "دولة السلاجقة" وقف "أرطغرل" إلىجانب "علاء الدين"، حيث تمكنا من هزيمة المغول وإنقاذ دولة السلاجقة. بعد وفاة "أرطغرل" سنة 688هـ/1288م، عُيّن ابنه "عثمان" خلفًا له، فكان قويًا محبوبًا بين أهله، ذا مكانة في بلاط السلطان علاء الدين؛ مما أثار حسد وزرائه. فلما مات علاء الدين كثرت المؤامرات، وضعفت الدولة، فاغتنم عثمان الفرصة، واستقل عن السلاجقة، وأخذ يضيف بعض أجزاء دولتهم إلى سلطانه، وهكذا تأسست الدولة العثمانية، وكان ذلك في سنة 700

هـ/1300م. وبذا فقد نسبت تلك المجموعة من الأتراك إلى هذا الرجل العظيم "عثمان" فسموا الأتراك العثمانيين؟ وكان الإسلام هدف العثمانيين وشعارهم، له يعملون، وفي سبيله يجاهدون ويحاربون.

فتوحاتهم

كان الطريق مفتوحًا أمام هذه الدولة الناشئة؛ فلم يكن هناك ما يقف في طريق توسعها؛ حيث إن الإمبراطورية البيزنطية خرجت بعد الحروب الصليبية وهي أسوأ حالا مما كانت عليه من قبل. ويذكر المؤرخون أنَّ حملة من الحملات الصليبية قد احتلت القسطنطينية نفسها سنة 602هـ/1204م، ولم تتخلص عاصمة البيزنطيين منهم إلا بعد أكثر من ستين عامًا، فلما شرع عثمان في التقدم نحو الأقاليم التابعة للدولة البيزنطية وجد الطريق مفتوحًا أمامه. وقد واصل ابنه "أورخان" هذه الفتوحات حتى بلغ "نيقية" وخضعت له آسيا الصغرى (تركيا)، كما تمكن من عبور "الدردنيل"، والوصول إلى "مقدونيا" غير أنه لم يتقدم نحو أوروبا. وكان لابد أن يتفرغ بعد هذا لتنظيم دولته، فأنشأ جيشًا نظاميًا عُرف بالانكشارية (أى الجنود الجدد).وكان هذا الجيش مكونًا من أبناء البلاد المفتوحة. فتم تدريبهم منذ الصغر على الإسلام والعسكرية، وأعدت لهم معسكرات وثكنات يعيشون فيها حتى لا يختلطون بغيرهم، مهمتهم التي أعدوا لها هي الدفاع عن الإسلام مع

الفرسان من العثمانيين، فيشبون أقوياء الجسم، مطيعين لقوادهم الذين لايعرفون غير الطاعة الكاملة.. أتدري مَنْ أول من استخدم هذا الجيش استخدامًا فعالا؟.

السلطان مراد الأول

إنه السلطان "مراد الأول" ابن "أورخان" وكان مراد نفسه جنديًا شجاعًا قرر أن يشن حربًا على أوروبا بأسرها. لقد أراد أن ينتقم من الأوربيين لاعتدائهم على الإسلام والشرق أثناء الحروب الصليبية.هذا بالإضافة إلى حماسه للإسلام، وحبه له وللدفاع عنه ضد أعدائه، ورغبته في نشر الإسلام في بلاد الكفر، وتبليغ دعوة الله إلى العالمين، فمن المعروف أن الأتراك من أقوى الشعوب حماسة، ومن أقواهم عاطفة تجاه الإسلام والمسلمين، وكان سمتهم في تعاملهم مع الأسرى سمتًا إسلاميًا يدل على فهمهم للإسلام ولمبادئ الحرب والقتال في الإسلام، وهذا ما شهد به أعداؤهم. لقد عبرت جيوشه الدردنيل (كما فعل والده من قبل)، واحتل مدينة "أدرنة"، وجعلها عاصمته سنة 765هـ/1362م بدلا من العاصمة القديمة "بروسّة"، وبذلك يكون قد نقل مقر قيادته إلى أوروبا استعدادًا لتأديب وإخضاع تلك القارة المعتدية! شملت فتوحات "مراد :" مقدونيا، وبلغاريا، وجزءًا من اليونان والصرب، كما هدد القسطنطينية، وأجبر إمبراطورها على دفع الجزية. لكن وا أسفاه، قتل مراد في ميدان القتال سنة 793هـ/1389م، في الوقت الذي كانت فيه جيوش المسلمين الظافرة تحتل صوفيا عاصمة بلغاريا.

خلفه ابنه "بايزيد" ومن شابه أباه فما ظلم. كانوا يلقبونه (بالصاعقة)، وذلك لسرعة تحركاته في ميادين القتال وانتصاراته الخاطفة. أتدري ماذا حقق من انتصارات بعد أبيه؟ لقد أتم فتح اليونان. أما الدولة البيزنطية فقد جردها من كل ممتلكاتها ماعدا القسطنطينية وحدها. لقد بلغ "بايزيد" من القوة ما جعله يمنع إمبراطور القسطنطينية من إصلاح أحد حصون المدينة فيذعن الإمبراطور لأمره، وينزل عند رأيه. وكانت نتيجة هذا الجهاد المقدس انتشار الذعر في جميع أنحاء أوروبا، فقام البابوات في روما ينادون بالجهاد ضد المسلمين كما فعلوا سنة 489هـ/1095م، وتجمعت فرق المتطوعين من فرنسا وألمانيا وبولندا وغيرها وقادهم سِجِسْمُنْد المجري. وفي سنة 799هـ/1396م اشتبك معهم "بايزيد" في معركة "نيقوبولس" وهزمهم هزيمة نكراء، فدقَّت أجراس الكنائس في جميع أوروبا حدادًا على تلك الكارثة، وانتابها الذعر والقلق. وراحت أوروبا تخشى مصيرها الأسود القاتم إذا تقدم ذلك القائد المظفر نحو الغرب. أما القسطنطينية فقد أوشكت على السقوط أمام جيوش بايزيد.

في هذه اللحظات التاريخية يتعرض جنوب الدولة العثمانية إلى هجمات التتار، وكانت هذه هي الموجة الثانية (بعد تلك التي قام بها هولاكو) جاء على رأسها تيمورلنك، فغزا بلاد فارس والعراق وأجزاء من سوريا، ثم اتجه شمالا نحو الدولة العثمانية. ولما شعر بايزيد بذلك الخطر أوقف تقدمه في أوروبا كما رفع

الحصار عن القسطنطينية، واتجه جنوبًا لملاقاة العدو. وفي سنة 805هـ/1402م تقابل بايزيد مع تيمورلنك بالقرب من أنقرة، ودارت الحرب بينهما زمنًا طويلا كان النصر فيها حليفًا لقوات التتر! ووقع "بايزيد" في أسر عدوه تيمورلنك الذي عذبه عذابًا شديدًا. ويقال: إنه سجنه في قفص، وطاف به أجزاء مختلفة من الدولة حتى مات من شدة التعذيب. ترى هل كانت هذه الهزيمة نهايةً للأتراك العثمانيين؟ لا؛ فقد انتعشوا مرة ثانية، وقاموا بأعمال تفوق تلك التي قام بها "عثمان" و"مراد" و"بايزيد."

بعد موقعة أنقرة تراجع تيمورلنك، فلم يكن قصده احتلال آسيا الصغري، بل كان كل همه وأمله أسر بايزيد، أمَا وقد تحقق له ما أراد، فليرجع إلى بلاده، لقد ترك البلاد مهزومة مفككة، وترك أولاد بايزيد يتحاربون فيما بينهم من أجل الملك. واستمرت فترة حكمه حوإلثماني سنوات، أخذ يعمل فيها بحكمة وتعقل؛لكي يدعم سلطانه داخل الدولة، فاتبع سياسة المهادنة والصداقة مع كل الأعداء. لقد عقد هدنة مع إمبراطور القسطنطينية، وقد رحب الإمبراطور بتلك الهدنة؛ لأنه هو الآخر كان في حالة ضعف شديد نتيجة ضربات بايزيد المتوالية على دولته. أما السلاجقة، فقد ترك لهم "السلطان محمد" كل الأراضي التي تحت أيديهم، وتفادي أي اشتباكات معهم، وركز كل همه في توطيد سلطانه في الداخل، وكان له ما أراد.

فلما توفي "محمد" وخلفه ابنه "مراد الثاني" سنة 825هـ/1421م، كانت حالة الدولة العثمانية تمكنها من اتخاذ بعض الخطوات الهجومية وقد كان. فلقد استردّ "مراد الثاني" ما أخذه السلاجقة من أراضي العثمانيين، واستعاد العثمانيون ثقتهم وقوتهم في عهد مراد الثاني، فاتجهوا إلى أوروبا. ولكن أوروبا لم تنسَ هزيمتها في "نيقوبولس" وما لحق بها من عار، فراحت تكون جيشًا كبيراً من المجريين والبولنديين والصرب والبيزنطيين، وهاجمت ممتلكات الدولة العثمانية في "البلقان". وفي البدء تمكن المسيحيون من إحراز عدة انتصارات على جيوش مراد، إلا أن السلطان "مرادًا" جمع قواته، وأعاد إعدادها وتشكيلها حتى التقى مع أعدائه سنة 849هـ/1444م، فأوقع بهم الهزيمة، وعلى رأسهم ملك المجر "فلادسلاق" وصدهم حتى نهر الدانوب. رعاك الله يا مراد، لقد أعدت الدولة العثمانية إلى ما كانت عليه أيام جدك بايزيد. وهكذا لما توفي "مراد الثاني" في "أدرنة" سنة 856هـ/ 1451ترك لابنه محمد الثاني المعروف "بالفاتح" دولة قوية الأركان، عالية البنيان، رافعة أعلامها، متحدة ظافرة منتصرة.

جاء محمد الثاني (محمد الفاتح) وكان مع الفتح على موعد، فعقد العزم على فتحها، وإضافتها إلى العالم الإسلامي الكبير، ولم يكن هذا هو هدفه الوحيد، بل كانت هناك عوامل كثيرة تحركه وتدفعه إلى تحقيق هذا النصر وذلك الفتح العظيم، أيقال: إنه فتح الفتوح؟! أم أيقال: إنه فتح باركته ملائكة السماء؟! وكيف لا،

والإمبراطورية البيزنطية كانت العدو الأول للإسلام بعد أن سقطت دولة الفرس في القرن السابع الميلادي، وظلت تصطدم مع المسلمين في عهد الخلفاء الراشدين، وفي خلافة الأمويين والعباسيين وما بعدها! وكثيرًا ما كانت تتحين فرص ضعف الدولة الإسلامية فتغير عليها، وتنتزع بعض أراضيها. ولا يخفى أن بعد موقعة "ملاذكرد" في القرن الحادي عشر أصبحت القسطنطينية نفسها محورًا تتمركز فيه كل قوى الصليبيين المتجمعة من أطراف القارة الأوربية؛ لتشن الغارة تلو الغارة على الأراضي المقدسة، ومناطق نفوذ المسلمين الأخرى. ولا ينسى أحد للقسطنطينية أنها في سنة 768هـ/1366م، تحالفت مع روما ودول أوروبا الأخرى إلا أن بايزيد هزمهم في "نيقوبولس". ولم يَنْسَ خلفاء الدولة العثمانية للقسطنطينية أنَّها في سنة 846هـ/1441م تآمرت مرة أخرى مع ملوك البلقان ضد مراد الثاني، إلا أن الله نصر مرادًا عليهم فقضى على تحالفهم، وشتت شملهم، وَفرَّق جموعهم. فلْيقضِ محمد الفاتح على تلك القلعة الحصينة التي كثيرًا ما ضربتهم من الخلف، إن هو أراد أن يستمر في فتوحاته الأوربية وراح محمد الفاتح يضع الخطة بإحكام، عقد هدنة مع ملوك المسيحيين في البلقان لمدة ثلاث سنوات. واستغل هذه الفترة الآمنة الهادئة في تحصين حدوده الشمالية وتأمينها. ثم ماذا؟ ثم جهز جيشًا قوامه 60 ألف جندي نظامي، واتجه بهم نحو القسطنطينية وحاصرها، ومع أن حامية القسطنطينية لم تكن تزيد على 8000 جندي إلا أنها كانت محصنة

جدّا، فالبحر يحيط بها من ثلاث جهات، أما الجهة الرابعة فقد أحيطت بأسوار منيعة، وهذا هو السبب الرئيسي في صمودها طوال هذه القرون واستعصائها على بني أمية وبني العباس. وقد كان تأخر سقوط القسطنطينية في أيدي المسلمين هو السبب في تأخر انهيار الدولة البيزنطية، فسقوط العاصمة يتسبب عنه سقوط الدولة بأكملها، ولعل ذلك يرجع إلى أن قدرًا من الحضارة المادية كان عند البيزنطيين؛ بحيث يستطيعون تحصين عاصمتهم والدفاع عنها، وقد تأخر سقوط الدولة البيزنطية لمدة ثمانية قرون كاملة، على عكس الدولة الفارسية التي سقطت وزالت مبكرًا نتيجة سقوط "المدائن" عاصمتها في وقت قصير. إلا أن الأحوال قد تغيرت كثيرًا في سنة 858هـ/1453م عندما حاصرها محمد الفاتح. وكان العالم قد توصل في ذلك الوقت إلى اكتشاف البارود-مما جعل الأسوار كوسيلة للدفاع قليلة الفائدة. وإلى جانب هذا وذاك، فإن الأسطول الإسلامي أصبح أقوى بكثير من أسطول البيزنطيين، فحاصر المدينة من جهة البحر، وأغلق مضيق البسفور في وجه أية مساعدة بحرية. واستمر الحصار ستة أسابيع، هجمت بعدها الجيوش الإسلامية، وتمكنت من فتح ثغرة في أحد الأسوار، ولكن الحامية المسيحية- برغم قلتها- دافعت دفاعًا مريرًا، ومع ذلك فقد دخل محمد الفاتح القسطنطينية، وغير اسم القسطنطينية إلى "إسلام بول" (أي عاصمة الإسلام)، ولكنها حرفت إلى إستامبول، كما جعل أكبر كنائس المدينة (أيا صوفيا) مسجدًا بعد أن صلى فيه الجيش الفاتح

بعد النصر، أما المسيحيون فلم يعاملهم بما كانوا يعاملون به المسلمين، لقد ترك لهم حرية العبادة، وترك لهم بطريركهُم يشرف على أمورهم الدينية.

وجاء "السلطان سليم" بعد محمد الفاتح، فدخلت الجيوش الإسلامية الجزيرة العربية بأسرها، وعَرَّجوا على مصر فقضوا على حكم المماليك فيها، وضموها لممتلكاتهم. وفي مصر، وجد السلطانُ سليم آخرَ سلالة الخلفاء العباسيين واسمه "المتوكل على الله الثالث"، وطلب منه أن يتنازل له عن الخلافة فقبل، وقد يتساءل: كيف يكون هناك خليفة عباسي مع أن التتار قضوا على الخلافة العباسية في بغداد سنة 656هـ. الواقع أنه بعد مقتل الخليفة المستعصم في بغداد تمكن بعض أفراد أسرته من الهروب إلى مصر، فآواهم سلاطين المماليك، ولقبوا أحدهم خليفة، وكانت خلافة رمزية، الغرض منها إكساب دولة الخلافة سمعة كبيرة بوجود الخليفة فيها. واستمرت سلالة هؤلاء الخلفاء حتى سنة 924هـ/1518م، عندما دخل السلطان سليم مصر وهزم المماليك، ولما أراد العودة إلى العاصمة إسلام بول أخذ معه الخليفة المتوكل على الله الثالث الذي تخلى للسلطان سليم عن الخلافة، وسلمه الراية والسيف والبردة سنة 925هـ/1518م. سقوط الخلافة العثمانية: وهكذا انتقلت الخلافة إلى الدولة العثمانية، واستمرت فيها حتى سنة 1342هـ/1923م، حتى ألغاها مصطفى كمال أتاتورك ونقل العاصمة إلى أنقرة عاصمة تركيا الحديثة، وألغى اللغة العربية في 1342هـ/3 مارس 1924م. وكان

اليهود قد حاولوا في عهد السلطان عبد الحميد الثاني التأثير عليه بشتى الوسائل، وإغرائه بالمال، ليسمح بتأسيس وطن قومي لليهود، فأبى، وقال : تقطع يدي ولا أوقع قرارًا بهذا، لقد خدمت الملة الإسلامية والأمة المحمدية ما يزيد على ثلاثين سنة، فلن أسود صحائف المسلمين من آبائي وأجدادي السلاطين والخلفاء العثمانيين. وتجمعت كل القوى المعادية للإسلام لتقضي على الخلافة، فكان لهم ما أرادوا، وتفرق شمل المسلمين، واستبيحت ديارهم، فإنما يأكل الذئب من الغنم الشاردة، وها نحن أولاء نشهد حربًا تدور في الخفاء والعلن ضد الإسلام والمسلمين في كل مكان، ولا خلافة لهم تجمع كلمتهم وتدافع عنهم. منجزات الخلافة العثمانية:

1. فتح القسطنطينية، وتحقيق حلم وأمل المسلمين.
2. وقوف السلطان عبد الحميد في وجه اليهود بقوة، ومنعهم من إقامة وطن قومي لهم في فلسطين. فيروى أنه بعد عقد مؤتمر بال بسويسرا 1336هـ/1897م والذي قرر اتخاذ فلسطين وطنًا قوميًا لليهود، ذهب (قره صو) إلى الخليفة عبد الحميد، وذكر له أن الحركة الصهيونية مستعدة أن تقدم قرضًا للدولة، قدره خمسون مليونًا من الجنيهات، وأن تقدم هدية لخزانة السلطان الخاصة قدرها خمسة ملايين من الجنيهات، نظير السماح لليهود بإقامة وطن قومي لليهود في فلسطين، فصرخ الخليفة في حاشيته قائلا:من أدخل على

هـذا الخنزيـر. وطـرده مـن بــلاده، وأصـدر أمـرًا بمنـع هجـرة اليهـود إلى فلسطين.

3. من أبرز خدماتها للمسلمين أنها أخرت وقـوع العـالم الإسلامي تحـت الاحتلال الأوروبي، فما إن زالت الخلافة الإسلامية حتى أتى الغرب عـلى دول المسلمين يبتلعها دولة بعد الأخرى، وقد وقـف السـلطان سـليم الأول ومـن بعـده ابنـه بقـوة إلى جانـب دولـة الجزائـر ودول شمـال إفريقية وساعدهم في مقاومة الاحتلال الأوربي في بدايـة الأمـر عندمـا استغاث خير الدين بالسلطان سليم فأمده بالعدة والعتاد.

4. دفـاعهم عـن الأمـاكن المقدسـة، فعنـدما حاولـت قـوات الأسطول البرتغالي(مرتين) أن تحتـل جدة وتنفذ منهـا إلى الأماكن المقدسـة في الجزيرة، وقفت في وجهها الأساطيل العثمانيـة، فارتـدت عـلى أعقابهـا خاسرة، بل إن القوات البحرية أغلقت مضيق عدن في وجه الأساطيل البرتغالية، فكان عليها أن تأتي بالشحنات التجارية وتفرغهـا في مضيق عدن، ويقوم الأسطول الإسلامي العثماني بتوصيلها إلى عـدن والمـوانئ الإسلامية.

5. ويكفي أن الخلافة العثمانية كانت رمزًا لوحدة المسلمين، وقوة تدافع عن المسلمين وقضاياهم وأراضيهم، بالإضافة إلى الفتوحات الإسلامية، وحرصهم على الإسلام وحبهم له، كيف لا، وقد قامت دولتهم على حب الإسلام بغرض الدفاع عنه.

هذا وقد ظلم التاريخ هذه الخلافة الإسلامية خلافة العثمانيين؛ لأن تاريخها كتب بأيدي أعدائها سواء من الأوربيين أو من العرب الذين تربوا على مناهج الغرب، وظنوا أنها احتلال للبلاد العربية، ولذلك فتاريخ هذه الخلافة يحتاج إلى إعادة كتابة من جديد.

بعد الحرب العالمية الأولى تعرضت تركيا للاحتلال من قبل الإنجليز والفرنسيين والإيطاليين واليونانيين وتوسع الارمن فتوجه مصطفى كمال اتاتورك للأناضول في 1919/9/19 مستغلاً تكليفه الرسمي بتصفية الفرق العثمانية القليلة المتبقة هناك ليعلن تأسيس جبهة لمقاومة الاحتلال ويبدأ من العام 1920 حرب مسلحة ضد القوى الأوروبية انتهت في 1921 بانتصار على الارمن والفرق الاوروربية الفرنسية والإيطالية والانجليزية ليأتي العام 1921 مع سلسلة جديدة من القتال ضد اليونانيين في معارك دموية انتهت بانتصار الاتراك بقيادته وطرد الجيش اليوناني بالكامل وتحرير

أرض تركيا ثم هدنة مودنيا ومعاهدة لـوزان التـي اقـرت فيهـا أوروبـا باستقلال تركيا. قام اتاتورك بعدة خطوات جدلية مثل الغاء الـسلطنة والخلافة والطربوش وتتريد العبادات (و ان لم يمنع العبادات ولم يمنـع الحجاب)و قام ببناء دولـة تعـد اليـوم مـن أقـوى دول الـشرق. ينظـر لأتاتورك على انه خائن للدين لالغائه الخلافة ويعـد عنـد العـرب مـن اعداء الامة.

الإقتصاد بالدولة العثمانية

اعتنـى العثمانيـون بالعواصـم المختلفـة لـدولتهم عنايـة خاصـة، فجعلـوا مـن مـدن بورصـة وأدرنـة والقـسطنطينية مراكـز صـناعية وتجاريـة مهمـة في الـشرق الأوسط وأوروبـا الـشرقية، بـل في العـالم عنـدما بلغـت الدولـة ذروة مجـدها وقوتهـا، واستقطبوا إليها الصنّاع والحرفيين والتجّار المهرة من مختلف أنحـاء الأراضي الخاضـعة لهـم ومـن أبـرز الـسلاطين الـذين عملـوا عـلى تنميـة الدولـة العثمانيـة مـن الناحيـة الاقتصادية : محمد الفاتح وخليفته بايزيـد الثـاني وحفيـده سـليم الأول، فخـلال عهـد هؤلاء السلاطين فُتحت مناطق كثيرة في أوروبا الشرقية والعالم العربي، وكان العثمانيون ينقلون معهم غالبًا أمهر الصنّاع والحرفيين إلى عاصـمتهم، كـما فعـل الـسلطان سـليم الأول عندما فتح تبريز ومن ثم القاهرة، وفي ذلك العهد أيضًا كان عـدد مـن المـسلمين واليهود الأندلسيين قد غادر شبه الجزيرة الأيبيرية بفعل

اضطهاد الإسبان لهم بعد سقوط الأندلس، فاستقبلهم العثمانيون وقدموا لهم الكثير من التسهيلات ليستقروا في البلاد ويساهموا في نهضتها الاقتصادية.

نظّم العثمانيون ماليّة دولتهم وخزينتها بشكل أفضل وأكثر فعاليّة من أي دولة إسلامية سابقة، واستمر نظامهم المالي أفضل نظم عصره وفاق جميع النظم المالية لكل الدول منإمبراطوريات وجمهوريات وممالك وإمارات معاصرة حتى القرن السابع عشر، عندما أخذت الدول الأوروبية الغربية تتفوق عليها في هذا المجال. يُعزى ازدهار الخزينة العثمانية خلال العصر الذهبي للدولة إلى إنشائهم لوزارة خاصة تختص بالأمور المالية للدولة من إنفاق واستدانة وإدانة، عُرفت لاحقًا باسم" وزارة المالية"، وكان يرأسها شخص مختص هو" الدفتردار "الذي أصبح يُعرف لاحقًا باسم "وزير المالية"،وكان لحسن تدبير بعض وزراء المالية أثر كبير في نجاح فتوحات السلاطين وحملاتهم العسكرية، إذ استطاعوا بفضل هؤلاء وسلامة سياستهم المالية التي رسموها للدولة، أن يصرفوا على الجيش ويزودوه بكامل المعدات اللازمة وأحدث أسلحة العصر.

كانت العملة العثمانية في بداية عهد الدولة تُعرف باسم "الغروش" أو "القروش"، وكانت تُسك من معدن البرونز النحاس، وفي أواخر عهد الدولة أصبحت "الليرة" مرادفًا لاسم العملة العثمانية، وكان يُضاف إليها اسم السلطان الذي صدرت في عهده، فكان يُقال "ليرة مجيدية" و"ليرة رشادية" على سبيل المثال.

وكانت الليرة العثمانية تساوي مئة واثنين وستين قرشًا، وأطلق عليها العرب اسم "العثمليّة". كانت الليرات العثمانية عبارة عن نقود ذهبية في بادئ الأمر، ثم أصدرت الدولة في عهد الحرب العالمية الأولى أوراقًا نقدية لأول مرة في تاريخ البلاد، بسبب المبالغ الطائلة التي أنفقتها على الحرب،وأكثرت من الكميات التي أنزلتها إلى السوق، فهبطت قيمة هذه العملة بالنسبة للنقد الذهبي والفضي، هبوطًا كبيرًا، ولكن الحكومة كانت تصرّ على اعتبار الليرة الورقية مساوية لليرة الذهبية، وكانت تجبر الناس على قبضها والتعامل بها تعامل الشوام في أواخر العهد العثماني أيضًا بالعملة المصرية، ومنها اكتسبت النقود تسمية "مصاري" و"مصريات" اللتان لا تزالان تستعملان في بلاد الشام للإشارة إلى النقود.

الزراعة والصناعة

كانت الدولة العثمانية تسيطر على أراض زراعية خصبة جدًا موزعة في جميع أنحائها، ومنها السهول الخصبة في بلاد الشام، وحوض نهر الدانوب، وحوضيّ دجلة والفرات، ووادي النيل، وسهول آسيا الصغرى وشمال أفريقيا، وقد اشتهرت جميع هذه المناطق في سائر العصور بخصب تربتها ووفرة مياهها وغنى إنتاجها. وكان الإنتاج الزراعي متنوعًا، فالقمح و الحبوب الأخرى كان يُعتمد في إنتاجها على سهول الشام ومصر والأناضول، وزيت الزيتون كان يُنتج في الشام

والأناضول والبلقان، واشتهرت اليونان وسوريا ولبنان وفلسطين وبعض أنحاء شمال أفريقيا بالفاكهة والأثمار.

ولم تكن الثروة الحيوانية أقل أهمية من الإنتاج الزراعي، فقد كانت قطعان الغنم الماعز البقر والإبل وجواميس الماء سارحة في هضاب البلقان وآسيا الصغرى وبوادي الشام ووادي النيلوانتشرت في الكثير من أنحاء الدولة الصناعات الغذائية والمستخرجة من مصادر حيوانية ونباتية، وأبرزها صناعة الحرير والصوف والصابون وفي عصر الدولة الذهبي نشطت الصناعة العسكرية لتلبي حاجة الجيوش الفاتحة، وفي مقدمتها صناعة الأسلحة النارية من بنادق ومسدسات ومدافع، وفي الكثير من الأحيان تولّى هذه الصناعة مهندسون مجريون ونمساويون وفرنسيون وسويديون، وتليها صناعة الأسلحة البيضاء من سيوف ورماح ونبال، وصناعة الدروع. وقد تضائلت أهمية هذه الصناعة مع ازدياد ضعف الدولة وتراجعها مقابل تقدم أوروبا الغربية.

النظام الإداري المحلي

نظرًا لاتساع رقعة الدولة فقد قسمها العثمانيون إلى ولايات أو "إيالات"، ثم قسموا كل ولاية إلى سناجق أو مقاطعات، وكلّ سنجق إلى نواح، وكل ناحية إلى أحياء وحارات. وكان حاكم الولاية، أو الوإلىولقبه "الباشا"، تبعًا للحكومة المركزية فيالآستانة، في حين كان حاكم السنجق، أو "الحكمدار" ولقبه "البك"، تابعًا للباشا.

ويساعده ديوان و"صوباشي"، أي ضابط أمن؛ وكان حاكم الناحية، ولقبه "الآغا " تابعًا للبك، وكان على رئس كل حي أو حارة "مختار" تابع للآغا. وكان الوإلييُعيد شراء منصبه من الصدر الأعظم كل سنة، فكان طبيعيًا أن يعمد إلى ابتزاز ما دُفع من الضرائب الباهظة التي كان يفرضها على الرعيّة ومن الموظفين الخاضعين لسلطته، كما كان طبيعيًا أن يعمد هؤلاء الموظفون بدورهم إلى ابتزاز المال بمختلف الوسائل من أفراد الشعب، وعُرف هذا النظام، أي جباية الضرائب السنوية عن مساحة من الأرض من أهلها من الفلاحين، باسم "نظام الالتزام. كان وإلالشام متميزًا عن غيره من الولاة بإضافة منصب إمارة الحج عليه، وكانت مهمة "أمير الحج" الإشراف على قافلة الحج الشامي التي تضم حجاجًا من أنحاء بلاد الشام والأناضول والبلقان، وتأمين ما يلزم لسلامة الحجاج، من ماء وجنود ودليل خبير بالطريق أو أكثر من دليل، وغير ذلك من الأمور. كان عدد ولايات الدولة يتفاوت بين الحين والآخر، وفق ما تكسبه أو تفقده من البلدان، أو بسبب دمج بعض الولايات ببعض.

أنشأ العثمانيون خلال بعض الفترات من تاريخهم تقسيمات إدارية محلية جديدة، ففي عهد التوسع والفتوحات أصبحت الدولة تضم ألوية جديدة كان من الصعب ربطها بالعاصمة، فاضطرت إلى ضم عدد منها في ولاية واحدة، وعُين على رأس كل ولاية أمير أمراء الألوية، ولقبه "بكلر بك". كذلك أنشأ العثمانيون

نظام "المتصرفية" خلال فترة أفول نجم الدولة، بضغط من الأوروبيين، وهذا النظام يهدف من الأساس لحماية الأقليات الدينية المسيحية في الدولة وإعطائها نوعًا من الاستقلال الذاتي، كما في حالة متصرفية جبل لبنان، أو لحماية بعض المناطق المقدسة عند أهل الكتاب عمومًا، مثل متصرفية القدس وكان يُعين على رأس المتصرفية موظف عثماني يُعرف باسم "المتصرّف"، وفي حالة متصرفية جبل لبنان، فقد كان يجب أن يكون مسيحيًا عثمانيًا غير لبناني أو تركي.

الحياة السياسية في الدولة العثمانية

ترجع بداية الحياة الدستورية في الدولة العثمانية إلى عام 1808م، وهو العام الذي تبوأ فيه السلطان محمود الثاني عرش السلطنة، ففي بداية عهده دعا الصدر الأعظم مصطفى باشا البيرقدار إلى عقد مجلس استشاري في الآستانة وعرض فيه برنامجًا إصلاحيًا أبرز ما جاء فيه إلزام حكّام الولايات بالولاء للسلطان، وتعهّد الدولة المركزية بالطاعة التامة لقراراته، وحدد الاتفاق العلاقات بين حكّام الولايات بعضهم ببعض، وبالتالبين موظفي الدولة على أساس ضمانات متبادلة قائمة على العدالة .وكان يمكن لهذا الاتفاق أن يكون أساس دستور حقيقي للدولة العثمانية، إلا أنه لم يعش طويلاً، فالسلطان لم يوقع عليه إلا مرغمًا، حين رأى نفسه مضطرًا لتصديقه وإصداره، بفعل أنه عدّه انتقاصًا من سلطته، لذا قرر إلغاءه عند بزوغ أوّل فرصة، واستطاع ذلك عندما قُتل

البيرقدار، وخلال السنوات التالية أخضع السلطان الولايات العثمانية لحكومة مركزية قوية

صدرت في عهد السلطان عبد المجيد الأول قوانين إصلاحية عدّة ذات طابع شبه دستوري، مثل منشور الكلخانة ومنشور التنظيمات الخيرية، وينظر بعض المؤرخين إلى هذين المنشورين على أنهما وثيقتان دستوريتان لاشتمالهما على مبادئ عامّة في الحكم والإدارة، لكنهما في واقع الأمر لا يُعدان قانونين دستوريين بفعل أنهما لم يقيدا حرية السلطان أو يحدا من صلاحياته، كما أنهما لم يُنشئا المجالس النيابية أو القضائية وفي عام 1856م أنشأ السلطان عبد المجيد مجلسًا عُرف باسم "مجلس أعيان الولايات" يتكون من عضوين عن كل ولاية، يختار من بين أصحاب المعرفة والاحترام، هدفه إبداء الرأي بالإصلاحات الواجب إدخالها على أجهزة الدولة، على أن يُبدي كل منهم وجهة نظهره في ذلك. كانت هذه التجربة الأولى من نوعها في تاريخ الحياة النيابية في الدولة العثمانية، إلا أنها باءت بالفشل لعدم قدرة المندوبين على استيعاب المشكلة برمتها، كما داخلهم الشك في نوايا الحكومة المركزية. وأنشأ السلطان عبد العزيز الأول في عام 1876م" مجلس الدولة" أو "شوري دولت"، الذي تميز بطابع شبه دستوري، وشملت اختصاصاته إعداد مشاريع القوانين للدولة وإبداء الرأي للوزارات بالمسائل الخاصة بتطبيق القوانين، كما كان بمثابة محكمة ينظر بالقضايا الإدارية ويُحاكم

الموظفين المتهمين بالانحراف وقد وُصف هذا المجلس بأنه بداية انطلاق لمجلس النواب.

كان الدستور العثماني ينص على تقييد السلطة المطلقة للسلطان وإنه حامي الدين الإسلامي، يتمتع شخصه بحرمة قدسية، وهو غير مسؤول عن تصرفاته أمام أحد، وحدد الدولة وعاصمتها والحقوق العامّة للرعايا وانتقص الدستور كثيراً من سلطات الصدر الأعظم التنفيذية وأعطاها للسلطان. جعل الدستور للسلطان الحق في تعيين أعضاء مجلس الأعيان مدى الحياة، على أن لا تقل سن العضو عن أربعين عامًا، أما مجلس المبعوثان فكان أعضاؤه يعينوا عن طريق إجراء انتخابات عامّة، وكان المجلسان يجتمعان كل سنة في دورة عاديّة، تبدأ في الأول من شهر نوفمبر وتنتهي في آخر شهر فبراير، ويحق للسلطان تقديم موعد الدورة أو اختصار مدتها. كانت الحكومة هي التي تقترح التشريعات الجديدة على البرلمان، أما اقتراحات أعضاء المجلسين فيجب أن تُعرض على السلطان، فإذا وافق عليها يُحيلها إلى البرلمان عن طريق مجلس الدولة الذي يوافق عليها، وينتهي الأمر بصدور موافقة السلطان، أما إذا رفض أحد المجلسين مشروع قانون فلا يعيد النظر فيه في دورة انعقاده نفسها.

رجب طيب أردوغان ... فارس الأمبراطورية التركية الجديد

ولد أردوغان في 26فبراير 1954 في إسطنبول .لأسرة من أصل جورجي، أمضى طفولته المبكرة في ريزة على البحر الأسود ثم عاد مرة أخرى إلى اسطنبول وعمرهُ 13 عاماً نشأ أردوغان في أسرة فقيرة فقد قال في مناظرة تلفزيونية مع دنيز بايكال رئيس الحزب الجمهوري ما نصه: "لم يكن أمامي غير بيع البطيخ والسميط في مرحلتي الابتدائية والإعدادية؛ كي أستطيع معاونة والدي وتوفير قسم من مصروفات تعليمي؛ فقد كان والدي فقيراً.أتم تعليمه في مدارس "إمام خطيب" الدينية ثم في كلية الاقتصاد والأعمال في جامعة مرمرة.

انضم أوردغان إلى حزب الخلاص الوطني بقيادة نجم الدين أربكان في نهاية السبعينات، لكن مع الانقلاب العسكري الذي حصل في 1980، تم إلغاء جميع الأحزاب، وبحلول عام 1983 عادت الحياة الحزبية إلى تركيا وعاد نشاط أوردغان من خلال حزب الرفاه، خاصةً في محافظة إسطنبول، و بحلول عام 1994رشح حزب الرفاه أوردغان إلى منصب عمدة إسطنبول، واستطاع أن يفوز في هذه الانتخابات خاصةً مع حصول حزب الرفاه في هذه الانتخابات على عدد كبير من المقاعد.

عام 1998 اتهُم أردوغان بالتحريض على الكراهية الدينية تسببت في سجنه ومنعه من العمل في الوظائف الحكومية ومنها الترشيح للانتخابات العامة بسبب اقتباسه أبياتاً من شعر تركي أثناء خطاب جماهير يقول فيه:

مساجدنا ثكناتنا

قبابنا خوذاتنا

مآذننا حرابنا

والمصلون جنودنا

هذا الجيش المقدس يحرس ديننا

لم تثنِ هذه القضية أردوغان عن الاستمرار في مشواره السياسي بل نبهته هذه القضية إلى كون الاستمرار في هذا الأمر قد يعرضه للحرمان للأبد من السير في الطريق السياسي كما حدث لأستاذه نجم الدين أربكان فاغتنم فرصة حظر حزب الفضيلة لينشق مع عدد من الأعضاء منهم عبد الله غول وتأسيس حزب العدالة والتنمية عام 2001 منذ البداية أراد أردوغان أن يدفع عن نفسه أي شبهة باستمرار الصلة الأيديولوجية مع أربكان وتياره الإسلامي الذي أغضب المؤسسات العلمانية مرات عدة، فأعلن أن العدالة والتنمية سيحافظ على أسس النظام الجمهوري ولن يدخل في احتكاكات مع القوات المسلحة التركية وقال "سنتبع سياسة

واضحة ونشطة من أجل الوصول إلى الهدف الذي رسمه أتاتورك لإقامة المجتمع المتحضر والمعاصر في إطار القيم الإسلامية التي يؤمن بها 99% من مواطني تركيا.

رئاسة بلدية اسطنبول

فاز رجب طيب أرودغان برئاسة بلدية اسطنبول عام 1994لاوعمل تطوير البنية التحتية للمدينة وانشاء السدود و معامل تحلية المياة لتوفير مياة شرب صحية لابناء المدينة وكذلك قام بتطوير انظمة المواصلات بالمدينة من خلال انشطة شبكة مواصلات قومية وقام بتنظيف الخليج الذهبي (مكب نفايات سابقا) واصبح معلم سياحي كبير وبهذه الطريقة استطاع أرودغان تحويل مدينة اسطنبول إلىمعلم سياحي كبير ، لا يمكن أن وصف ما قام به إلا بأنه انتشل بلدية اسطنبول من ديونها التي بلغت ملياري دولار إلى أرباح واستثمارات وبنمو بلغ 7%، بفضل عبقريته ويده النظيفة وبقربه من الناس لا سيما العمال ورفع أجورهم ورعايتهم صحيا واجتماعيا. خلال فترة رئاسته بلدية اسطنبول حقق أردوغان إنجازات للمدينة، الأمر الذي أكسبه شعبية كبيرة في عموم تركيا، لكن هذه الشعبية لم تشفع له حينما خضع لإجراءات قضائية من قبل محكمة أمن الدولة في عام 1998 انتهت بسجنه بتهمة التحريض على الكراهية الدينية ومنعه من العمل في وظائف حكومية ومنها طبعا الترشيح للانتخابات العامة.

خاض حزب العدالة والتنمية الانتخابات التشريعية عام 2002 وحصل على 363 نائبا مشكلا بذلك أغلبية ساحقة. لم يستطع أردوغان من ترأس حكومته بسبب تبعات سجنه وقام بتلك المهمة عبد الله غول. تمكن في مارس عام 2003 من تولي رئاسة الحكومة بعد إسقاط الحكم عنه.

جاء رئيس الوزراء التركي وزعيم حزب العدالة والتنمية رجب طيب أردوغان من رحم المؤسسة الدينية في تركيا، فهو خريج مدرسة دينية، كما أنه بدأ العمل السياسي من خلال التيار الإسلامي الذي قاده نجم الدين أربكان، لكنه يحاول منذ فوزه بالحكومة في عام 2002 التأكيد على أنه لا يمثل حزبا دينيا، لكنه يريد بناء دولة ديمقراطية تفصل بين الدين والدولة كما في أوروبا ولا تسيطر فيها الدولة على الدين كما هو حال العلمانية التركية .

تم تعديل الدستور للسماح بتولي زعيم الحزب أردوغان منصب رئاسة الوزارة الذي حاول خلال ولايته التأكيد على نهجه الوسطي، فكان يصرح بأن حزبه "ليس حزبا دينيا بل حزبا أوروبيا محافظا" كما أنه دأب على انتقاد ما قال إنه (استغلال الدين وتوظيفه في السياسة)، وأكد أنه لا ينوي الدخول في مواجهة مع العلمانيين المتشددين وحتى استفزازهم.

في الوقت ذاته ألقى أردوغان بثقله باتجاه قبول تركيا في الاتحاد الأوروبي، لم يكن ذلك فقط لإقناع العلمانيين أنه ليس نسخة من أربكان، لكنه أدرك أيضا أن مثل هذه العضوية ستضع تركيا في فلك الديمقراطية الأوروبية التي ترفض أي دور للعسكر وتمنح الناس حرية التدين أو عدمه وهما أمران يمثلان ضربة قوية لجوهر النظام العلماني التركي الذي يمنح الجيش صلاحيات واسعة ويسيطر على التدين وأشكاله.

وعلى الرغم من أن أردوغان تحاشى أي استفزاز للقوى العلمانية -حتى أنه أرسل ابنته المحجبة إلى أميركا لتدرس هناك بسبب رفض الجامعات التركية قبول طالبات محجبات- فإن ذلك لم يحل دون حديث العلمانيين عن وجود (خطر رجعي) قال قائد الجيش التركي إنه "وصل إلى مستويات قلقة."

وحتى مع عدم اتهام أردوغان مباشرة بالرجعية فإن الرئيس التركي السابق أحمد نجدت سيزر -وهو من أشد المدافعين عن العلمانية- اتهم حكومة أردوغان بمحاولة أسلمة كوادر الدولة العلمانية قائلا إن التهديد الأصولي بلغ حدا مقلقا، الأمر الذي رد عليه أردوغان بحدة قائلا إن "من حق المؤمنين في هذا البلد أن يمارسوا السياسة.

35

حزب العدالة والتنمية

هو حزب سياسي تركي يصنف نفسه بأنه يتبع مسار محافظ ليبرالي، معتدل، غير معادٍ للغرب، يتبنى رأسمالية السوق يسعى لانضمام تركيا إلى الاتحاد الأوروبي يقول البعض أنه ذو جذور إسلامية وتوجه إسلامي لكنه ينفي أن يكون "حزبا إسلاميا" ويحرص على ألا يستخدم الشعارات الدينية في خطاباته السياسية ويقول أنه حزب محافظ ويصنفه البعض على إنه يمثل تيار "الإسلام المعتدل"، وهو الحزب الحاكم حاليا في البلاد، يرأسه الآن رجب طيب أردوغان .وصل الحزب إلى الحكم في تركيا عام 2002. ، تم تشكيل الحزب من قبل النواب المنشقين من حزب الفضيلة الإسلامي الذي كان يرأسه نجم الدين أربكان والذي تم حله بقرار صدر من محكمة الدستور التركية في 22يونيو/حزيران2001، وكانوا يمثلون جناح المجددين في حزب الفضيلة.

يطلق البعض على الحزب وسياساته لقب العثمانيين الجدد وهو ما أقره الحزب من خلال أحد قادته وزير الخارجية أحمد داود أوغلو حيث قال في 23 نوفمبر 2009 في لقاء مع نواب الحزب (إن لدينا ميراثا آل إلينا من الدولة العثمانية . إنهم يقولون هم العثمانيون الجدد. نعم نحن العثمانيون الجدد. ونجد أنفسنا ملزمين بالاهتمام بالدول الواقعة في منطقتنا. نحن ننفتح على العالم كله، حتى في شمال أفريقيا. والدول العظمى تتابعنا بدهشة وتعجب. وخاصة فرنسا التي تفتش

ورائنا لتعلم لماذا ننفتح على شمال أفريقيا. لقد أعطيت أوامري إلى الخارجية التركية بأن يجد ساركوزي كلما رفع رأسه في أفريقيا سفارة تركية وعليها العلم التركي، وأكدت على أن تكون سفاراتنا في أحسن المواقع داخل الدول الأفريقية أتى ذلك في اطار تخصيص أوغلو بالذكر لفرنسا وساركوزي لرفض الرئيس الفرنسي بشدة انضمام تركيا للاتحاد الأوروبي).

ويتهم علمانيو تركيا الحزب بتطبيق ما سموه: "خطة سرية لأسلمة البلاد"، وتعيين مسئولين كبار في الدولة "أوفياء له متخرجين عموما من مدارس لتأهيل الأئمة

وفي 30 يوليو 2008 حكمت المحكمة الدستورية في تركيا برفضها بأغلبية ضئيلة دعوي باغلاق حزب العدالة والتنمية بتهمة "انه يقود البلاد بعيدا عن نظامها العلماني نحو أسلمة المجتمع"، إلا أن المحكمة رغم قرارها وجهت رسالة تحذير إلى الحزب وذلك بفرض عقوبات مالية كبيرة عليه عبر حرمانه من نصف مايحصل عليه من تمويل من الخزانة العامة التركية، ليصرح رئيس الحزب ورئيس الوزراء رجب طيب أوردغان "أن حزبه الحاكم سيواصل السير على طريق حماية القيم الجمهورية ومن بينها العلمانية.

في 12 يونيو 2011 فاز الحزب بالانتخابات التشريعية وذلك بعد حصوله على 50.4% من الأصوات، متقدماً على حزب الشعب الجمهوري وحزب الحركة

القومية، وحصل الحزب على 326 مقعداً من أصل 550 مقعد في البرلمان، إلا أن ذلك لم يخوّله بتنفيذ مراده في تعديل الدستور دون الرجوع للمعارضة، الأمر الـذي يتطلب ثلثي مقاعد البرلمان أي 367 مقعد .

توجهه الفكري

يشكل هذا الحزب الجناح الإسلامي المعتدل في تركيا، ويحرص على ألا يستخدم الشعارات الدينية في خطاباته السياسية، ويؤكد أنه لا يحبذ التعبير عـن نفسه بأنه حزب إسلامي، فهو حزب يحترم الحريات الدينية والفكرية ومنفتح على العـالم ويبني سياساته على التسامح والحوار، ويؤكد عدم معارضته للعلمانية والمبادئ التي قامت عليها الجمهورية التركية، كما يؤيد انضمام تركيا إلى الاتحاد الأوروبي، ويؤكد أنه سيواصل تطبيق برنامج الإصلاح الاقتصادي الذي يجري تطبيقه في تركيا تحت إشراف صندوق النقد الدولي مع نقده لبعض جوانبه.

ويرفض الحزب أي عمليـة عـسكرية ضـد العـراق. أهـم مميزاتـه أنـه يـرفض التعصب لزعيم واحد حتى النهاية، ويعد بديمقراطية واسعة النطاق داخل الحزب.

شعبيته

تشير كافة استطلاعات الرأي إلى أن حزب العدالة والنهضة سيفوز بالحظ الأوفر من الأصوات بنسبة 30% في انتخابات نوفمبر/تشرين الثاني، وهو الأمر الذي يكسبه 250 مقعدا على الأقل في البرلمان، وقد تزيد هذه النسبة فينفرد بالسلطة. وتعود معظم شعبية حزب العدالة والتنمية الجدير بالدرجة الأولى إلى شخصية زعيمه رجب طيب أردوغان. وقد أصدرت لجنة الانتخابات العليا مؤخرا حكما بعدم أهلية أردوغان لعضوية البرلمان، أي لن يتمكن زعيم أكبر حزب في تركيا من دخول البرلمان ولا من تولي منصب رئيس الوزراء، الأمر الذي أثار تساؤلات عديدة ليكشف مدى انعكاس ذلك على أصوات الحزب سلبا أو إيجابا، لكن المراقبين يرون أن ذلك لن يؤثر سلبا بل يزيد من شعبية الحزب.

كما اضطر أردوغان إلى الاستقالة من مهمته عضوا مؤسسا للحزب بسبب الحظر القانوني مع بقائه زعيما له. غير أن المدعي العام لمحاكم التمييز يرى أنه لا يحق له أيضا أن يبقى زعيما للحزب وأن الحظر السياسي المفروض عليه لا يزال مستمرا.

وقبل الانتخابات بعشرة أيام أقام المدعي العام لمحاكم التمييز صبيح قناد أغلو دعوى لحل حزب العدالة والتنمية، غير أنه لا يمكن الحكم في مثل هذه القضايا في مدة زمنية قصيرة، فقد تطول المحاكمة وتستغرق ما يقارب السنتين. أما التساؤلات الثائرة عمن سيكون رئيس الوزراء إذا فاز حزب العدالة والتنمية في

الانتخابات، وكيف سيتخلص الحزب من ازدواجية الزعامة وما هو الحل السحري.. فهذا لا يزال مجهولا.

قد تكون" تركيا "أجدر دُوَل العالَم استحقاقًا لتوصيف مفهوم" دولة إسلاميَّة"؛ حيث خاضَتْ على مدى تاريخها الممتدِّ عديدًا من الْحُروب من أجْل المسلمين، وعلى يد المسلمين في سِيَاق تاريخيٍّ فريد لا يشابِهُها فيه إلاَّ باكستان؛ فقد استقرَّ بِتُركيا ملايين المسلمين من الأتراك وغيْر الأتراك الفارِّين من حَملات الاضطهاد والتَّعذيب التي تعرَّضوا لها في أوربا وآسيا والقوقاز، ومع سقوط الدَّولة العثمانيَّة بنهاية الحرب العالَميَّة الأولى، نزح الْمُسلمون من كافَّة أرجاء الإمبراطوريَّة للانضمام للأتراك في مواجهة العدوِّ المسيحي، والذي تشكَّل من قوَّات الْحُلفاء إضافةً إلى الأرمن واليونانيِّين، ومنذ ذلك الحين نَجح هذا التَّوازُن في الْهُويَّة التُّركية بين المكوِّنَيْن؛ الإسلاميِّ من جانب، والعلماني القوميِّ من جانب آخر، في توجيه دفَّة السِّياسة الخارجية التُّركية.

ما حدث في عشرينيَّات القرن الماضي عندما قامتْ كلٌّ من اليونان وتركيا بإجراء عمليَّة تبادُلٍ للسُّكان الأقليَّة كجزء مِن تسوية الصِّراع اليوناني - التُّركي، حيث قامت تركيا بِتَسليم المسيحيِّين الأَرْثوذكس المتحدِّثين بالتركية من الأناضول في مُقابل المسلمين المتحدِّثين باليونانية من جزيرة كريت.

مع ذلك فإنَّ الْهُويَّة التُّركية ليستْ مبنيَّة فقط على الإسلام، فمنذ عشرينيَّات القرن الماضي، ومع وصول مصطفى كمال أتاتورك لسدَّة الحكم كأوَّل رئيسٍ لتُركيا، سعى الكماليُّون للتأكيد على البُعْد القوميِّ كَبُعد توحيديٍّ، وذلك بتأسيس نَمُوذج حضاري ديمقراطي غرْبِي، لا يقوم على الدِّين وحْدَه، بل يتَّسع لجميع الأتراك، وتَحوَّل النَّمُوذج الوطني التُّركي إلى العلمانيَّة بتحوُّل المواطنين إلى النَّموذج الغربي مع التمسُّك بدينهم إذا أرادوا ذلك.

وهكذا نَجَح الكماليُّون في توجيه السِّياسة الخارجيَّة لتركيا شَطْر الغَرْب لِمدَّة امتدَّت من عشرينيَّات القرن الماضي حتَّى بدايات هذا القرن، تبنَّت فيها النُّخبة والأحزاب السياسيَّة التُّركية سياساتٍ خارجيَّةً مُوالية للغَرْب، وصارت عُضوًا في حِلْف (النَّاتو)، وقاب قوسَيْن أو أدنى من عضوية الاتِّحاد الأوربِّي.

ولكن اليوم بدأ الإرث الأتاتوركيُّ في التصدُّع، فمنذ عام 2002 بدأ حزب العدالة والتنمية ذو الجذور الإسلاميَّة في الكشف عن الْهُويَّة الإسلاميَّة لتركيا، وإذا كان البعض اعتقد في البداية أنَّ إبراز حِزْب العدالة والتنمية للمُكوِّن الإسلاميِّ في الشَّخصية التركيَّة لن يأخذ البلاد بعيدًا عن الغرب، وإذا كان البعض الآخر قد ذهب أبعد من ذلك بإعلان تركيا نَمُوذجًا إسلاميًّا ديمقراطيًّا، فإنَّ التَّجاوُبَ مع فكرةِ ما يُعرف سياسيًّا بالعالَم الإسلامي في أعقاب أحداث الْحادي عشر من سبتمبر - جعل

الدَّولة ذات الْهُويَّة الإسلاميَّة تتبنَّى نظرةً للعالَم، مُستوحاة من نظريَّات هنتنجتون عن صِدَام الحضارات.

وأدَّى ركوبُ حِزْب العدالة والتنمية لِمَوجة المشاعر الْمُعادية للغرب التي اجتاحَتِ العالَم الإسلاميَّ مع غزْوِ العراق عام 2003، إلى فُتور علاقات تركيا مع الغَرْب، وسعَتِ الدَّولة التُّركية إلى إعادة وضْعِها كزعيمة للعالَم الإسلامي، وقامت بتشجيع وجهة النَّظر الشاملة الْمُنادية بـ (نَحن "المسلمون" في مقابل هم "الغرب") على حساب مُرونة تركيا التاريخيَّة.

وقد أجْملَ هذا الوضْعَ" أحمد داود أوغلو "وزير خارجيَّة تركيا، المنتمي لِحِزْب العدالة والتنمية، في كتابِه" العُمْق الإستراتيجي"، والذي أكَّد فيه على أن "علاقات تركيا الجيِّدة مع الغَرْب هي شكل من أشكال العزلة."

وبدون أدنى شكٍّ، لم تَجِد عدائيَّةُ حزب العدالة والتنمية تُجاه الغرب صدًى عند الشَّعب التُّركي، إلاَّ بعد أحداث الحادي عشر من سبتمبر، والْحروب التي تلَتْ ذلك، ونَجَح حزْبُ العدالة والتنمية في التأطير لِغَزو العراق كهَجْمة غربيَّة على المسلمين، بِما فيهم الأتراك، والتَّجذير لتركيا في مُعَسكر العالَم الإسلامي، كما نجح حزْبُ العدالة والتنمية بعد ثَماني سنوات من تولِّيه الحكم - والَّتي تعد مدَّة طويلة وغيْر مألوفة في الحياة السِّياسية التركيَّة، بل والأطول على الإطلاق في تاريخ الديمقراطية التُّركية، إذا ما تَمكَّن الحزبُ مِن تكرار الفَوْز بالانتخابات العامَّة الْمُقبلة

في يونيو 2011 - في ترجمة أفكاره إلى سياسات واقعيَّة على الأرض؛ إذْ قام الحزب بزرع قُضاة متعاطفين معه بالمَحاكم العليا بعد فوزِه باستفتاء مَنْحه سُلْطة تعيين كبار القُضاة دون الحاجة إلى تصديقٍ مِنَ البَرلمان.

كذلك سعى الحزب إلى تقليص دور الجيش في شؤون الحكومة، ورغم أنَّ هذه الخطوة تبدو مفيدةً للعمليَّة الديمقراطية، إلاَّ أنه قد ثبت عكْسُ ذلك، فقد استغلَّت الحكومة قضيَّة" أرجينيكون"، وهي كلمة تَرْمز لِمُنظَّمة وطنيَّة زعم أنَّها كانت تدبِّر لانقلاب، كذريعة للانقضاض على المؤسَّسة العسكريَّة والقبض على المناوئين السياسيِّين وتَحْييد الْمُعارضة.

كذلك أدَّى استخدامُ الْحُكومة لأجهزة تنَصُّت غيْر قانونية ضدَّ المنتقدين لَها إلى بثِّ حالةٍ من الخوف في المناخ العامِّ للبلاد، وأصبح السجن هو المصيرَ المَحتوم لكلِّ مُعارض لسياسات الحزب الحاكم، وليس أدلّ على ذلك من إلقاء القبض مؤخَّرًا على حنفي أوسي رئيس الشُّرطة الذي اشتهر بنجاحاته في مدَّة الثمانينيَّات في استئصال شأفة الشُّيوعيِّين من منطقته، بِتُهمة الانتماء لخليَّة شيوعيَّة بعد أيَّام من نَشْر مذكِّراته التي انتقدت الأساليب الإرهابيَّة لِحزب العدالة والتنمية.

ومنذ أمَدٍ غيْر بعيد توقَّع عديدٌ من المراقبين عودةَ المؤسَّسة العسكريَّة إلى سالف عهْدِها كحارسٍ للهُويَّة الوطنية العلمانيَّة التُّركية، بعد أن خرجَتِ السِّياسة التركيَّة عن السيطرة وتَجاوزَتْ كُلَّ الحدود، إلا أن حِزْب العدالة نجح في تعزيز

سيادته لا سيَّما بعد نجاحه في تعديل تسلْسُل تولِّي السُّلطة للقيادة العليا بالجيش، وإخضاع المؤسَّسة العسكريَّة لِسُلطانه وسُلْطتِه بشكْل كاملٍ، بل ودعمه في تنفيذ مهمَّته القيادية الجديدة للعالَم الإسلامي.

ففي أكتوبر الماضي، وقفَتِ المؤسَّسة العسكريَّة صامتةً أمام مُعارضة حزب العدالة والتَّنمية لِمَشروعات حِلْف النَّاتو بإقامة دِرْع صاروخي لأغراض دفاعيَّة بتركيا، الأمر الذي يعنِي أنَّ إيران وسوريا أصبحا لا يُمثِّلان أيَّ تَهديد في نظَر الحِزْب، كذلك هناك العديد من الدَّلائل على تَخلِّي المؤسَّسة العسكريَّة عمَّا اعتادْتَ عليه لفترات طويلة من حرمان الضُّباط الإسلاميِّين من المراكز القياديَّة، مِمَّا يُمهِّد الطريق لأسْلَمَة قاعدةٍ عريضة لثاني أكبر جيشٍ في حلف الناتو.

وتَمضي عمليَّة التأييد الشعبِي حيثُ يَمضي حزب العدالة والتنمية؛ فقد جرَتِ العادة منذ عهد التَّحديث الذي قاده سلاطين العثمانيِّين اضطلاع النُّخبة بِمَسؤوليَّة تَحديد الثَّقافة السياسيَّة الَّتِي ينبغي للشَّعب أن يتبنَّاها.

ولا شكَّ أن حزبَ العدالة والتنمية بِما يمتلكه من" كوادر "مؤلَّفة من مليارديرات الإسلاميِّين، والشخصيَّات الإعلامية البارزة، ومؤسَّسات الفِكْر والرأي والجامعات، هو المؤهَّل الأَوْحد على الساحة التُّركية للقيام بدور النُّخبة التي تُمْسِك بِمِقْوَد عقليَّة الشَّعب التُّركي؛ فقد أكَّد اقتراعٌ أجرَتْه مؤخَّرًا المؤسسةُ التُّركية للدِّراسات الاقتصاديَّة والاجتماعية - TESEV وهي منظَّمةٌ غيْرُ حكوميَّة، مقَرُّها

إسطنبول - أنَّ عددَ الأتراك الذين يعرفون أنفسهم كمُسْلمين قد تزايد بنسبة 10 % بين عامَيْ 2002 و2007، وأنَّ نصف هذا العدد يصنِّفون أنفسهم كإسلاميِّين، مِمَّا يعني اعتقادهم بأنَّ هذه الإيديولوجيَّة المتعصِّبة هي التي ستحلُّ مَحلَّ الديمقراطية العلمانيَّة في توجيه النِّظام السياسي التركي، ويُعدُّ هذا تَحوُّلاً مطلقًا عن رؤية أتاتورك التي تنظر إلى الأتراك باعتبارهم غربيِّين وعلمانيِّين سياسيًّا، وإسلاميِّين في نفس الوقت.

لقد كان العديد من الأتراك يعتقدون في الماضي أنَّهم يتَشاطرون القِيَم والْمَصالح مع الغرب، وأنَّ التعاون مع" الناتو "والولايات المتَّحدة والاتِّحاد الأوربي مفيدٌ لبلادهم، لكن بعد صُعود حزب العدالة والتنمية، وبعد هجمات الحادي عشر من سبتمبر وحَرْب العراق، طرأتِ العديدُ من التغيُّرات، فطِبْقًا لتقرير التوجُّهات العابرة للأطلسيِّ لعام 2010، يَشْعر 55 % منَ الأَتْراك بأنَّ قِيَم تركيا تَخْتلف عن الغرب، لدرجةٍ أصبحت معها تركيا دولةً غيْر غرْبيَّة، ورغم أنَّ 73 % من الأتراك قد أكَّدوا عام 2004 بأنَّ عضويَّة الاتِّحاد الأوربي أمرٌ جيِّد، فقد تراجعَتْ هذه النِّسبة عامَ 2010 إلى 38 % فقط.

وبحسبَ" مشروع بيو للتوجُّهات العالَميَّة "الصَّادر مُؤخَّرًا، والْمُنذِر بالْخَطر، فإنَّ 56 % من الأتراك يَعْتبرون الولايات المتَّحدة تُمثِّل تَهْديدًا عسكريًّا، وتناسبَت الرغبة في التَّعاون مع الشَّرق الأوسط طرديًّا مع تنامي مشاعر التوجُّس ضدَّ

الغرب، حيث يُشير تقرير التوجُّهات العابرة للأطلسي إلى أنَّ 20 % منَ الأتراك يرغبون في زيادة التَّعاوُن مع الشَّرق الأوسط مُقارنة بـ 10 % عام 2009.

ولكن يُثار تساؤلٌ في الوقت الحاضر: إذا كان حِزْب العدالة والتنمية يؤكِّد على الْهُويَّة الإسلاميَّة لتركيا، ويوطِّد نفسه داخليًا كزعيمٍ للعالَم الإسلاميِّ، فهل العالَمُ الإسلاميُّ مستعدٌّ لقبول هذه الزعامة؟

الحقيقة أنَّ تركيا هي الأنسب والأمثل للقيام بِهذا الدَّور، فبالإضافة إلى مَكانتها التَّاريخية كمركز للدَّولة العثمانيَّة، الوريث الشَّرعي للخلافة الإسلامية، فإنَّها لا تَزال تَمْتلك أكبَر اقتصاد وأقوى جيشٍ في العالَم الإسلامي، ولكنْ يبقى الكثيرُ لدى حِزْب العدالة والتنمية للقيام به من أجْل إقناع الدُّوَل الإسلامية بأنَّ تركيا هي سلطانُهم الشرعي، فإذا كانت بعضُ النُّظُم كالنِّظام السُّوري المتطلِّع إلى مُساندٍ إقليميٍّ جديد وقوي، على استعدادٍ لقبول الزَّعامة التُّركية، فإنَّ دُولاً أخرى كالْمَملكة العربية السُّعودية ومِصر قد تكون أكثر إحجامًا؛ لأنَّهما يَعْتبران نفسيهما مركزًا للعالَم الإسلاميِّ، ولكن بوجْه عامٍّ يَبْدو أنَّ حزب العدالة والتنمية يتمتَّع بشعبيَّة هائلة في القاهرة ودمشق.

وأخيراً، هناك العديد من الدُّول الإسلاميَّة غيْر العربيَّة تروِّج لأشكالٍ أخرى من الإسلام السِّياسي، ولديها أفكارها الخاصَّة عمَّن يَمْتلك الْحقَّ في التحدُّث نيابةً عن العالَم الإسلاميِّ، ولكي يتمكَّن حزبُ العدالة والتنمية من كَسْب تأييد هذه الدُّوَل،

ودَعْم موْقفه في الشَّرق الأوسط المتوجِّس، فإنَّ القضايا الإسلاميَّة ستكون هي الأداة الْمُثْلى التي سيُعَوِّل عليها الحزب لتوطيد نفْسِه بين الشُّعوب الإسلاميَّة، فقد يُعلن مثلاً تضامُنَه مع حَماس - وليس السُّلطة الفلسطينيَّة العلمانيَّة - لتأجيج الْمشاعر تُجاه إقامة دولة فلسطينيَّة ذات سيادة.

كذلك قد يُهاجم الحزبُ بِعنفٍ السِّياساتِ الأوربيَّةَ تُجاه المهاجرين المسلمين، ويعترض صراحة على سياسات الولايات المتَّحدة الَّتِي لها علاقة بالمسلمين، مثل: الصِّراع الإسرائيلي الفلسطيني، والنِّزاع في السُّودان وإيران.

وحتَّى الآن لَم يُكتب النَّجاح للعديد من الْمجهودات التي يبذلُها حزب العدالة والتنمية من أجْل الدِّفاع عن القضايا الإسلاميَّة العالَميَّة، مثل: مُحاولته الفاشلة الصَّيف الماضي للقيام بِدَور الوسيط للتوصُّل إلى اتِّفاق نوويٍّ بين إيران والغَرْب، وإذا كانت تركيا حتَّى الآن لَم تُفْلِح في إقناع بقيَّة دول العالَم الإسلامي بِمَكانتها وقوَّتِها، فإنَّ الأتراك قد تبنَّوا ثُنائيَّة العدالة والتنمية القائمة على" نَحن "مقابل" هم"، أو الإسلام على حساب الْهُويَّة الوطنية.

وبعبارة أخرى :فإنَّ حزب العدالة والتنمية سوف يَرْبح في كلتا الحالتين: ما لَم يتوقَّف الأتراك عن إيمانهم بالصِّدام الْهنتنجتوني بين العالم الإسلاميِّ والغرْب، وإنْ لَم تَعُد الكماليَّة من جديد للتأكيد على البُعْد الوطنيِّ العلماني للهُويَّة التُّركية، فأن انتخابات يونيو 2011، والتي مثلت أكثر الْمَعارك أهَمِّية للرُّوح

الوطنيَّة التُّركية على مدًى يزيد عن قرنَيْن من الزَّمن عندما وَلَّى سلاطين العُثمانيِّين وجْهَ تركيا شطْر الغرب للمرة الأولى.

الإقتصاد... ورقة أردوغان الرابحة

على الصعيد الدولي ينظر إلى اردوغان باعتباره شخصية صعبة في كثير من الأحيان، صاحب شخصية دفاعية وصارمة ولكن حكيمة في الوقت ذاته، أما على الصعيد الداخلي فيختلف الأمر تماما فتمتلئ هذه الشخصية بالحيوية وتملك حس الدعابة وبخاصة عند لقائه بأنصاره.

ويملك اردوغان كاريزما قتالية تلقى قبول الأتراك سواء في المدن المزدحمة أو البلدات الأناضولية الصغيرة وهو سياسي كبير جاء ليحكم تركيا وهي تمر بمرحلة انتقالية حتى شبهه البعض بمارغريت تاتشر وهيلموت كول وميخائيل غورباتشوف الذين اتبعوا الأسلوب ذاته.

ولكن على الرغم من هذا القبول تظل هذه الشخصية صعبة المراس وحادة الطباع في بعض الأحيان.

وعلى الرغم عن الشعبية الكبيرة التي يتمتع بها إلا أن اردوغان فشل في فترة ولايته الثانية في استقطاب دعم العديد من الليبراليين والمثقفين الأتراك الذين نظروا له لوهلة باعتباره رائد الديمقراطية الذي أنهى حكم الدولة العسكرية التي سيطرت على البلاد لفترات طويلة في القرن العشرين.

وتقول الصحفية التركية نوراي ميرت من حزب العدالة والتنمية " أبدا لم أخدع نفسي بأن هناك ديمقراطيين فائقين."

وأضافت "كنت مؤيدة لخطوتهم التي تسعى إلى جعل تركيا أكثر ديمقراطية ومدنية، لكنها لم تنجح لأن اردوغان حصل على سلطة مطلقة ولا يعير اهتماما إلى تقديم تنازلات أو التشاور مع الآخرين."

وتعتبر نوراي ميرت أحدث صحفية تتعرض لهجمات شخصية وقاسية من قبل اردوغان بسبب مقال كتبته إذ يعرف عنه أنه لا يقبل الانتقادات وغالبا ما يرفع دعوى قضائية ضد الصحفيين أو الفنانين الذين يصورونه بصورة غير ملائمة.

بل إن الأمر أسوأ بكثير بالنسبة لحوالي57 صحفيا يقبعون داخل السجون التركية وهو أعلى معدل مسجل رسميا لسجن الصحفيين في العالم.

فهؤلاء الصحفيون المسجونون وزعت عليهم اتهامات كثيرة معظمها تتعلق بتهمة الضلوع في مؤامرة معقدة وغامضة عرفت باسم ارجينيكون، وتعتبر الحكومة التركية أنها لا تقل عن تهمة التآمر العسكري للإطاحة بالديمقراطية.

ويذكر أن مئات من ضباط الجيش والمدنيين سجنوا لسنوات حتى الآن دون ادانتهم بهذه التهم."

ويقول دالكيران اوزليم أحد نشطاء حقوق الإنسان "خلال الولاية الأولى لحكومة اردوغان كانوا أكثر تقبلا للاحتجاجات والتوصيات الصادرة عن المنظمات غير الحكومية، كان هناك تقدم."

ويضيف قائلا " ولكن في الولاية الثانية أًصبحوا أقل تسامحا مع المعارضة وازداد عنف الشرطة ضد المتظاهرين بصورة كبيرة كما تم تغيير قانون مكافحة الإرهاب بحيث يتم إحالة المتظاهرين للمحاكمة كما لو كانوا أعضاء في منظمة ارهابية."

وتعتبر وحشية الشرطة في تركيا واحدة من التهم التي لا تستطيع الحكومة التملص منها لأنه يعتقد أن حزب العدالة والتنمية له نفوذ كبير على الشرطة على العكس من مواجهات الحزب مع مؤسستي الجيش والقضاء.

ولكن كل هذه التجاوزات لن تؤثر على الدعم الكبير الذي يتمتع به اردوغان.

ويقول الصحفي تشنجيز كاندار "حزب العدالة والتنمية متواجد بشكل جيد ومنظم داخل المجتمع التركي."

ويضيف " أعضاء حزب العدالة والتنمية أتقياء ومتدينون وبالتإلىفإن الحزب له سلطة كبيرة على المستوى الشعبي، فهم من المسلمين ولكنهم ليسوا إسلاميين لذا فهم يزعمون أنهم جاءوا ليستبدلوا أحزاب اليمين والوسط التي أدخلت البلاد في اضطرابات بسبب الانقلابات العسكرية المتعاقبة."

ويظل الانجاز الأبرز الذي حققه اردوغان هو استقرار الاقتصاد التركي الذي عاني لسنوات عديدة من دوامة الأزمات الاقتصادية التي تعاقبت عليه مع ارتفاع معدلات التضخم وأسعار الفائدة وضعف العملة.

أما اليوم أصبحت تركيا موضع حسد دول المنطقة، فهي تتمتع بمعدلات نمو اقتصادية تقترب من مثيلاتها في الصين كما تنافس الشركات التركية بنجاح في الاتحاد الأوروبي والشرق الأوسط وأفريقيا وآسيا الوسطى.

ويقول بولند أيمن وهو ليس عضوا في حزب العدالة والتنمية، بل هو مدير مجموعة من الشركات المتخصصة في منتجات الغابات إنه سيرحب بفوز حزب العدالة والتنمية بفترة جديدة.

وأوضح رجل الأعمال قائلا " في عام 2002، كان نصيب الفرد من الدخل السنوي 3500 دولار أما في عام 2010 وصل إلى 10 آلاف دولار."

وتحدث أيمن عن تأثير التقدم الاقتصادي على ازدهار أعماله نظرا لقوة تركيا في الوقت الحاليبفضل سياستها الخارجية الجديدة.

وأضاف "ذهبنا إلى قطر والكويت مع رئيس الوزراء في يناير وكنت لا أصدق رد الفعل عند وصولنا فهو بطل بالنسبة لهم."

ويخوض اردوغان حملته الانتخابية تحت شعار " أنت لم تجد أفضل من ذلك " واعدا بتحقيق المزيد في المستقبل وبخاصة أن برنامجه يتضمن بناء مدن جديدة

وجسور ومستشفيات ومناطق سكنية جديدة وهو ما يعد بالنسبة للملايين من الأتراك الذين يعيشون قريبا من خط الفقر رسالة لا تقاوم.

العلمانية في تركيا

تسربت الأفكار العلمانية إلى تركيا منذ القرن الثامن عشر أيام الدولة العثمانية عن طريق الطلاب الأتراك الذين كانوا يدرسون في الغرب خاصة أولئك الذين كانوا يدرسون في فرنسا، وبعد تأسيس الجمهورية تكرست العلمانية على شكل إجراءات منهجية وقوانين صارمة وأصبح للتيار العلماني مؤسسات تدافع عنه بشكل بلغ حد العنف في بعض الأحيان.

بدأت حركة التغريب في عهد السلطان محمود الثاني الذي تولى الحكم في القرن الثامن عشر الميلادي، حيث قام بإنشاء جيش جديد على غرار الجيوش الأوروبية، واستبدل بالقوانين الإدارية قوانين جديدة على غرار القوانين الأوروبية، كما أصدر قوانين تتعلق باللباس وأجبر الموظفين والعسكريين على لبس الطربوش وحلق اللحية، وقد لاقت هذه التغييرات معارضة قوية من قبل الشعب حيث أطلق على السلطان لقب (السلطان الكافر).

55

وفي مراحل تالية خلال القرن التاسع عشر جرت محاولات أخرى لمحاكاة الغرب فيما عرف بعهد التنظيمات الذي لقي دعما كبيرا من طبقة الشباب المثقفين، وفي العام 1860 تبين أن التنظيمات ليست كافية لجعل الدولة العثمانية دولة متقدمة في مصاف الدول الأوروبية وكان لا بد من القيام بثورة جديدة من أجل تحقيق ذالك.

وقد قاد المعارضة للنظام السياسي نامق كمال وضياء كوك ألب باش، كما أن الشباب الذين تأثروا بالثقافة الفرنسية أثناء وجودهم في فرنسا لطلب العلم شكلوا جمعية الشباب العثماني عام 1865 وقاموا بإعداد دستور جديد وطالبوا بفتح البرلمان وإعطاء السيادة في الحكم للشعب، ونتيجة لعملهم السري والمعلن في الخارج والداخل استطاعوا الوصول لبناء أرضية للنظام البرلماني والسياسي الجديد الذي شكل القاعدة للنظام العلماني في البلاد.

وإذا كان ما سبق يمثل الإرهاصات الأولى للعلمانية في إمبراطورية إسلامية فإن تولي مصطفى كمال الحكم بعد حرب التحرير وضع للعلمانية قواعد وأسسا ظلت راسخة حتى الآن بشكل أو بآخر.

في البدء لم يظهر أتاتورك أي مظاهر معادية للدين، بل إنه بعد أن قاد حرب التحرير قام بممارسات ذات طابع ديني محض حيث ألقى خطبة الجمعة في

مدينة بإلكسير، وعندما ترأس المجلس الوطني الكبير عين مساعدين لـه مـن شيوخ الطرق الصوفية، ولكن أتاتورك لم يخف نياته طـويلا، ومـا لبث أن قام بحملـة على المجتمـع التقليـدي في تركيا والمظاهر الدينيـة التـي تمثـل أبـرز معالمـه وحـارب ممارسات المجتمع وقمع رموزه مع إعلان الجمهورية العلمانية في 29 أكتوبر/ تشرـين الأول 1923، ثـم ألغـى الخلافـة الإسـلامية في العـام التـالي وبعـدها المحـاكم الشرعية الدينية، وبدأ منذ العام 1925 في تغريب تركيا ثقافـة وحضـارة وممارسـات، وتكـريس دور الجيش كحارس للنظام الجديد.

ومن أجل تكريس مظاهر النظام العلماني أصدر أتاتورك مراسيم عدة تضمنت:

- إغلاق الزوايا والتكايا الموجودة بالدولة.
- إلغاء كل أنواع الطرق ومشايخها، وإلغـاء ألقـاب الـدرويش والمريـد والسيد والبابا والأمير والخليفـة، والعرافـة، وحظر السـحر والتنجيـم وكتابـة التعاويذ والأحجبة والتمائم.
- حظر استعمال عناوين وصفات وأزياء تدل على الطرق الصوفية .
- إغلاق جميع المزارات وقبور السلاطين والأولياء ومشايخ الطرق.

• تشريع عقوبة الحبس مدة لا تقل عن ثلاثة أشهر لمن يخالف هـذه المراسيم.

وفي إطار التوجه نفسه استمدت في تركيا قوانين سويسرية عـام 1926 وألغيت القوانين المستمدة من الشريعة الإسلامية في قضايا الأحوال الشخصية، بما في ذلك منـع تعدد الزوجات وإعطاء المرأة المسلمة حـق الـزواج مـن غير المسـلم وأن تغير دينها، والمساواة بـين الـذكر والأنثـى في الميـراث، كـما أعطـت القـوانين الجديـدة لـلأب حـق الاعتراف بولده الذي يولد نتيجة علاقة غير شرعية.

وفي نهاية ذلك العام فرض أتاتورك السفور على النساء وحظر عليهن لبس الجلباب وألزمهن ارتداء الفساتين، والا قدم أزواجهن وأقاربهن للمحاكمة. واستكمل محاولة تدمير المجتمع التقليدي بتغريب التعليم من خلال توحيد المدارس واستبدال الحروف اللاتينية من العربية. واستكمل أتاتورك "ثورته" عام 1938 قبيل وفاته بإلغاء المادة التي تنص على أن الإسلام دين الدولة في الدستور.

الحرب على التدين

تقوم فكرة العلمانية بالمفهوم الكمالي السـائد في تركيا عـلى عـدد مـن الأفكـار الأساسية التي تؤسس لأيديولوجيا من أبرز محاورها:

- فكرة الجمهورية بديلا للنظام الملكي السلطاني والخلافة الإسلامية.

- الفكرة القومية، أي أن يكون الرابط الأساسي بين أبناء الـشعب الـتركي "مليـة" أو وطنية وليس الدين.

- فكرة الشعبية، بمعنى ضرب نفوذ الأرستقراطية العثمانية والملاك والإقطاعيين ورجال الدين بتصعيد الطبقات الدنيا من المجتمع في إطار المساواة بين أبناء الشعب.

- فكرة هيمنة الدولة وتحولها إلى أداة لفرض العلمانيـة والتغريـب والتحـديث الصناعي والاقتصادي والسياسي والاجتماعي.

- فكرة الانقلابيـة، أي الثورة عـلى كـل مـا هـو سـائد مـن الأفكار والأوضـاع والمؤسسات التي تعتبر تقليدية ومتخلفة.

- والأهم في كل ذلك أن مفهوم العلمانيـة في تركيـا لا يقتـصر عـلى تحيـيـد دور الدين وفصله عن الدولة كما هو في الغرب مثلا، لكنه يمضي أبعد مـن ذلك بإجبار الناس على المفهوم الذي يراه لممارسات الدين في الحياة العامة بل وفي أداء العبادات، حيث حاول عصمت إينونو إجبار الأئمة في المساجد على قراءة الفاتحة في الصلاة باللغة التركية ومنع الأئمة من الدعاء باللغة العربيـة ومنع قراءة الأذان باللغـة العربيـة ومـنح المـرأة كـل الحقـوق إلا حقها في ارتداء الحجاب مثلا.

وهكذا يظهر أن هدف العلمانيين كان مسح تأثير الدين على حياة الناس وإن لم يكن هجومهم على الدين مباشرة فهم يعلنون الحرب على التدين، ولا بد من الإشارة هنا إلى أن شن الحرب على التدين يخفي في ثناياه ضمنيا شن حرب على الدين ذاته، ومثال ذلك الحرب المفتوحة التي يشنونها على مدارس الأئمة والخطباء ومراكز تحفيظ القرآن الكريم، ومنع الملتزمين بالدين من العمل بحرية في الوظائف العامة، كما أن حرمان النساء اللواتي يرتدين الحجاب من الدراسة وحقهن في العمل في الوظائف العامة وتخصيص مسابح خاصة بالنساء، وعدم السماح بإنشاء بنوك إسلامية تعمل بالنظام الإسلامي، وطرد كل من يثبت أن له علاقة بالدين من الجنود في الجيش التركي هي من مظاهر محاربة التدين.

والعلمانية التركية متطرفة معادية للدين، مستبدة، وهي ليست العلمانية العقلانية المعتدلة التي تفصل السياسة عن الدين ولكنها لا تعاديه ولا تحاربه . فقد ضربت العلمانية التركية أسس الديمقراطية بآلة المؤسسة العسكرية بحجة حماية الثابت الدستوري للدولة التركية أي العلمانية، وذلك على ضوء الأسس التي وضعها كمال أتاتورك. وما زال بعض العلمانيين يفكرون بطريقة لإضفاء القداسة على العلمانية تلك القداسة التي تبرر لهم هدم أركان الديمقراطية إذا مثلت تهديدا لعلمانيتهم.

ويرى العلمانيون أن العمل من أجل تحكيم الـشريعة الإسلامية يعد رجعيـة وتخلفا وجريمة كبرى تستحق أقصى العقوبات، كما أنهم ينظرون إلى المطالبـة بتغيـير الدستور من أجل توفير الحرية الدينية اعتداء علـى الدستور ومحاولـة لقلب نظلم الحكم، حتى إنهم يرفضون الديمقراطية إذا كانت توفر الحرية الدينية للشعب.

ويحاول العلمانيون في تركيا حبس التدين في وجدان الفرد وخفض درجـة تـأثير الدين على الفرد إلى أقل مستوى، والعمل على إبقاء المرافق العامة في الدولـة بعيـدة عن تأثير الدين وعدم الاعتماد على أي مصدر يتعلق بالدين فيما يخص المرافق العامة في الدولة.

فالعلمانية التركية فرضت بوصفها أيديولوجيـة صـارمة وحـادة وقمعيـة علـى المجتمع التركي ولم تترك للشعب حرية ممارسة عباداته بـل سـعت إلى الـسيطرة علـى الدين من خلال تأسيس مؤسسة الشؤون الدينية وتعيين وزير دولة مسؤولا عنها حتى تسيطر على المساجد والأوقاف الإسلامية وحبس مشاعر الدين داخل المساجد.

القوى العلمانية

بما أن العلمانية في تركيا فرضت بالقوة كان لا بـد مـن وجـود مؤسـسات تقـوم على حمايتها والمحافظة عليها، ويأتي في مقدمة هذه المؤسسات العسكر الذي يعتبر

حامي حمى العلمانية حيث تدخل أكثر من مرة لمنع حدوث أي اختراق مثلما حدث في انقلاب عام 1960 حيث قام العسكر بانقلاب على عدنان مندريس واتهموه بالخيانة العظمى وتم الحكم عليه بالإعدام بعد إتهامه بإنتهاك القوانين العلمانية والسماح ببعض المظاهر الدينية في تركيا.

وكذلك انقلاب العام 1971 وانقلاب العام 1980 حيث كانت المسيرة المليونية للاحتجاج على إعلان إسرائيل القدس عاصمة لها في مدينة قونيا والتي دعا إلى تنظيمها حزب السلامة الوطني ذو التوجه الإسلامي سببا رئيسا في القيام بالانقلاب ألاخير وتعطيل الديمقراطية في البلاد، كما أن الجيش كان سببا في انهيار الحكومة الائتلافية التي شكلها نجم الدين أربكان مع زعيمة حزب الطريق القويم تانسو تشيلر عام 1996 بحجة انتشار الرجعية في البلاد وازدياد عدد المدارس الدينية ومراكز تحفيظ القرآن الكريم التي يرى فيها العسكر تهديدا لنظام العلمانية فوجه إنذارا إلى حزب الرفاه عام 1997 وتلا ذلك استقالة أربكان من رئاسة الوزراء في العام نفسه.

وعمل الجيش على مدى العقود السابقة على منع أي نفوذ إسلامي حقيقي في مؤسسات الدولة، ولعل السبب وراء عدم تصادم حزب العدالة والتنمية مع المؤسسة العسكرية تقديمه طرحا متقدما عن خطاب أربكان في الطابع البراغماتي ومتصالحا مع المؤسسة العسكرية والجمهورية الأتاتوركية، ومع ذالك لا ندري إذا كان

الوضع سيبقى على حاله في المرحلة القادمة بعد أن تسلم رئاسة الأركان يشار بيوك أنت)الذي أبدى عدم ارتياحه لما تقوم به حكومة أردوغان منذ اليوم الأول لتسلمه لمنصبه الحالي في نهاية أغسطس/ آب 2006.

ومن المؤسسات التي تلعب دورا هاما في الحفاظ على العلمانية في تركيا وسائل الإعلام التي يمتلك 60% منها مجموعة آيدن دوغان، وتأتي في المرتبة الثانية مجموعة جينار، ولوسائل الإعلام في تركيا تأثير كبير على الشارع التركي وتوجهاته، وكما هو معروف أن الإعلام يعد القوة الرابعة إلا أننا في تركيا نقول إن الإعلام هو القوة الأولى في البلد وإذا كان الجيش يذكر قبل الإعلام في الحفاظ على العلمانية فإن الذي يقف وراء تأليب العسكر على الحكومات هو الإعلام وهذا ما حدث مع حكومة أربكان عام 1997 حيث هاجمتها وسائل الإعلام وألبت العسكر عليها وصورت للناس أن الجمهورية في خطر ما أثار حفيظة الجيش ودعا بعض الوزراء من حزب الطريق القويم إلى الاستقالة من الحكومة، وهذا ما اعترف به مؤخرا وزير الصحة في تلك الحكومة وهو من حزب الطريق القويم بأن الإعلام خدعهم وبالغ في تصوير الواقع.

وتعتبر جمعية رجال الأعمال الأتراك التي تضم أغنى رجال الأعمال في تركيا من المؤسسات التي تعمل على حماية العلمانية في تركيا، ويترأس هذه الجمعية دائما أحد القطبين الأكثر غنى في تركيا وهما مجموعة صبانجي

ومجموعة كوج، وتسعى هذه الجمعية إلى الحفاظ على العلمانية في تركيا من أجل مصالحها الاقتصادية حيث يعتبر الاستقرار عنصرا أساسيا في تنمية ثرواتهم وأي تغيير في النظام القائم قد يعرض مصالحهم إلى الضرر.

ومن المؤسسات التي تقف في وجه كل من يهدد العلمانية المؤسسات القضائية ومنها محكمة الدستور والمحاكم العليا والمحكمة الإدارية العليا والتي لا تتردد في الحكم لصالح النظام العلماني في كل قضية ترى فيها تهديدا للعلمانية كما في قضية الحجاب وإغلاق الأحزاب ذات التوجه الإسلامي كما حدث في حزب الرفاه وحزب الفضيلة وحزب السلامة الوطني وحزب النظام الوطني التي شكلها نجم الدين أربكان.

كما تعد الأحزاب اليسارية على اختلاف مسمياتها وتوجهاتها حارسة للنظام العلماني بل معادية للدين في كثير من الأحيان، وهذا ما يميزها عن الأحزاب اليمينية والتي تتمسك بالنظام العلماني ولكنها في الوقت نفسه لا تعادي الدين وتميل إلى حرية التدين.

وهناك العديد من مؤسسات المجتمع المدني والنقابات التي تنصب نفسها حامية للعلمانية في تركيا ومنها جمعية دعم الحياة العصرية، وجمعية الفكر

الأتاتوركي، ووقف التعليم التركي، وجمعية أتاتورك للغة والتاريخ، ونقابات المحامين والعديد من الجمعيات النسائية .

العلمانية في مواجهة الدين

لم تكن التوجهات القومية العلمانية للدولة التركية الحديثة التي أسسها مصطفى كمال أتاتورك بعد الحرب العالمية الأولى، في حقيقة الأمر، سوى حلقة في سلسلة طويلة من الإجراءات الإصلاحية والتنظيمية التي بدأت في الدولة العثمانية منذ النصف الأول من القرن الثامن عشر، وكان هدفها في حينه تحديث المجتمع التركي وفق أساليب الحياة الغربية دون التفريط بأسس وأحكام الشريعة الإسلامية.

الدين والخلافة العثمانية

في نهجه لتغيير مفهوم الأمة في تركيا، جاء مصطفى كمال محمولا على جناحي حركة امتدت جذورها إلى عهد السلاطين العثمانيين الذين سبقوه بأكثر من مائتي سنة، وما فعله في مجال علمنة الدولة وتغيير هوية تركيا الإسلامية المشرقية في عشرينيات القرن الماضي، لا يمكن أن يفهم بمعزل عن مجمل محاولات تغيير الحياة الاجتماعية والإدارية والاقتصادية في الدولة العثمانية، والتي بدأها السلطان

65

أحمـد الثالـث (1703- 1730) وخلفـاؤه مـن بعـده، وهـدفت في حينـه إلى الحفاظ على كيان الدولة.

ولمعرفة التوجهات العلمانية التي بدأت تتضح منذ مفتتح القرن الثامن عـشر، باعتبارها مغايرة للتوجهات الإسلامية التقليدية، لابد من الإجابـة عـن تـساؤل يتعلـق بطبيعة الدولة العثمانية، وهل كانت حقا دولة إسلامية؟ وبدون الدخول في التفاصيل التاريخية يمكن القول إن العامل الديني وإن كان واضحا في نـشأة الدولة العثمانيـة أواخر القرن الثالث عشر، إلا أن تلك الدولة لم تكن في بداية أمرها تعير اهتماما لمسألة الخلافة، حتى أن نظريـة انتقال الخلافـة مـن آخر الخلفـاء العباسيين إلى السلطان العثماني سـليم الأول 1512- 1520 لم يكـن لهـا أي سـند تـاريخي، لكـن السلاطين العثمانيين، وبخاصة بعد أن ضـعفت الدولـة وتكـررت هزائمهـا العـسكرية أمـام قـوى الغرب المسيحي، صاروا يهتمون بحمل لقب "خليفة المسلمين."

وبالرغم من أن السلطان العثماني كان يجمع في يديه من الناحية النظرية علـى الأقل السلطتين الدينية والدنيوية، فإن فكرة سلطة الدولة المستقلة عن الدين لم تفقد شرعيتها حتى خلال فترة التدهور بعد القرن السادس عشر.. ومنذ القرن السابع عـشر بدأ السلاطين العثمانيون يفقدون هيبتهم وأصبح من الممكن عـزل السلطان أو قتلـه، وهكذا فإن الدولة العثمانية لم تكن دينية إسلامية فالاحترام والتقدير كـان قـد انتقـل من السلطان إلى الدولة.

ويحدد أحد الكتاب الأتراك الرواد وهو نيازي بيركس، سنة 1718 كبداية لأخذ الدولة العثمانية بالأفكار العلمانية، وفي هذه السنة بدأت "ومضات علمانية" كما يسميها تلوح في الأفق العثماني، ومن بين ذلك أن تقدم ضابط فرنسي هو دي رشنفور De Rochefort بمشروع يتضمن نقل بعض مظاهر التقدم الأوروبي إلى المؤسسات العثمانية، ويذهب أحد الباحثين العرب وهو د. خالد زيادة إلى أن السلطان أحمد الثالث تبنى المشروع وحرص على مد الجسور مع عواصم أوروبا وتقليد حياتها الاجتماعية وعمرانها، وكان من ثمار هذا التوجه إدخال أول مطبعة إلى إستنبول سنة 1728. ومن الطريف الإشارة إلى أن كتابا ألفه إبراهيم متفرقة سنة 1731 وطبع في إستنبول كان عنوانه "أصول الحكم في نظام الأمم" ويشير إلى نزعة العلمانية السائدة في أوربا التي تقوم على "مبدأ فصل الدين عن الدولة."

لقد تعاظمت هذه الحركة أواخر القرن التاسع عشر وأخذت طابعا تشريعيا أطلق عليه المؤرخون مصطلح "التنظيمات" وقد امتدت هذه المرحلة بعد وفاة السلطان محمود الثاني 1839 ومجيء خلفه السلطان عبد المجيد (1839 ـ 1861) وتوجت بإعلان الدستور سنة 1876. وقد قامت فلسفة التنظيمات على مبدأ المساواة بين الأديان وتمتع المواطنون في الدولة العثمانية بحقوق سياسية واحدة، بدلا من التقسيم التقليدي السابق الذي كان يقوم على أساس أن هناك مواطنين (مسلمين) ورعايا(غير مسلمين).

ولعل من أبرز التشريعات التي صدرت خلال هذه الفترة مرسوم إصلاحي عرف آنذاك بـ "خط شريف كلخانة" (1839) ومرسوم آخر سمي بـ "خط شريف همايون" 1856، واستهدف هذان المرسومان الإصلاحيان تحديث الإدارة وتحسين الأوضاع الاجتماعية والاقتصادية للسكان، والأهم من ذلك إصدار سلسلة من القوانين الإدارية منها إصدار القانون المدني الجديد 1869- 1876 وبموجبه أحدثت محاكم مدنية موازية في الظاهر للمحاكم الشرعية ولكنها في الواقع قلصت نطاق أحكامها، أما في النواحي الاجتماعية فقد صار المجتمع العثماني يحث الخطى نحو الحياة العصرية وبدت علامات ذلك في تنظيم دوائر الدولة. كما حلت البزة الرسمية الغربية والطربوش محل الأثواب الفضفاضة والعمائم.

الذي يهمنا في هذا المجال الإشارة إلى أن هذه المتغيرات ترافقت مع قيام عدد من المثقفين الأتراك أمثال ضياء كوك ألب بنشر مفاهيم جديدة حول "الوطن" و "الوطنية" وقد ذهب إلى أبعد من ذلك عندما دعا صراحة إلى فصل الدين عن الدولة، وقال بعدم نجاح فكرة المزاوجة بين حضارة الغرب وقيم الشرق لاختلاف الأسس الفكرية لكليهما، وأكد ضرورة تبني النهج الغربي بشكل كامل.

وقد توجت الجهود الإصلاحية والتنظيمية العثمانية بصدور دستور سنة 1876 وذلك بعد جهود حثيثة بذلتها جماعة من المصلحين المتحررين المتنورين كان مدحت باشا على رأسهم، وقد ارتكز الدستور العثماني على الدستور البلجيكي

وكان يتألف من مائة وتسع عشرة مادة، واستهدف المساواة المدنية والسياسية بين جميع العثمانيين، وشغلت موافقة الدستور للشرعية الإسلامية كل دعاة الإصلاح آنذاك حتى أن شيخ الإسلام قال للسلطان عبد الحميد الثاني (1876 ـ 1909) يوم إعلانه "إن الدستور مطابق للشرع الشريف" وفي 19 من مارس/آذار 1877 اجتمع البرلمان العثماني بمجلسيه الأعيان والنواب، ولكن السلطان عبد الحميد استغل فرصة إعلان روسيا الحرب على الدولة العثمانية في 24 أبريل/نيسان سنة 1877 لتأجيل اجتماع البرلمان وتعليق الدستور، ثم اتخذ من دعوة "الجامعة الإسلامية" شعارا لسياسته الجديدة المعادية للغرب ولمنعه من التغلغل داخل ولايات الدولة العثمانية.

وكان من نتائج حكم السلطان عبد الحميد الثاني وميله إلى الاستبداد في سياسته الداخلية، تنامي الوعي القومي بين الأتراك وغيرهم من شعوب الدولة العثمانية، وقد نجحت جمعية الاتحاد والترقي وهي منظمة سرية لها علاقة بالمحافل الماسونية تأسست سنة 1889 في قيادة انقلاب عسكري يوم 23 يوليو/تموز 1908 وإعادة العمل بدستور 1876 وخلع السلطان عبد الحميد سنة 1909.

العهد الجديد

واجه الحكام الجدد من أعضاء جمعية الاتحاد والترقي ثورة مضادة في 13 أبريل/نيسان 1909 قادتها جماعات إسلامية دعت إلى ضرورة إلغاء الدستور والعودة إلى حكم الشريعة، وقد أدرك الاتحاديون أن الإسلام قوة لابد أن يحسب لها حساب، لذلك نصوا في الدستور (المادة السابعة) على أن "السلطان هو المنوط بالدفاع عن الشريعة الإسلامية" كما دفعوا شيخ الإسلام (صاحب ملا) لكي يوجه بيانا إلى الشعب يقول فيه "إن الحكومة الدستورية هي أكثر الحكومات تمشيا مع روح الإسلام". لكن الاتحاديين في الحقيقة لم ينفذوا ما نصوا عليه في الدستور، وإنما حكموا الدولة وفق شعارات المركزية والطورانية والتتريك.. وكان هدفهم من ذلك الوقوف بوجه آثار المشروع الذي عمل من أجل إحيائه السلطان عبد الحميد الثاني، ويقوم على أساس الدعوة إلى إعادة الخلافة إلى مكانتها الروحية وجعلها مقترنة بالحكم والسلطة واتخاذها أساسا تستند إليه الدولة والمجتمع ومؤسساتها.

وقد تفرغ عدد من المفكرين الأتراك ومنهم نامق كمال وعلىسعاوي إلى الترويج للقومية الطورانية كبديل لمفهوم الخلافة، وكانت الصحافة وسيلة مهمة لنشر هذا المفهوم الذي يقوم على أن الأتراك هم عنصر نقي ومتميز عن بقية عناصر الدولة العثمانية، ولابد من صهر كل تلك العناصر في بوتقة واحدة. وعندما نشبت الحرب العالمية الأولى دخلت الدولة العثمانية الحرب إلى جانب دول الحلف المركزي في 4 نوفمبر/تشرين الثاني 1914.

وجد مصطفى كمال، وكان قائدا عاما للجيش الثالث المرابط في أرضروم وسيواس، الفرصة لقيادة حركة مقاومة ضد حكومة إستنبول، واستطاع أن يجمع حوله عددا كبيرا من الأنصار، ودعا إلى عقد مؤتمر للحركة الوطنية في أرضروم في يوليو/تموز 1919، وأصدر المؤتمر قرارا بالمحافظة على سلامة المنطقة التي تسكنها أكثرية تركية والتي تسمى (الأناضول التركي) وفي 19 مارس/آذار 1920 تشكل المجلس الوطني التركي الكبير (البرلمان) وعقد أولى جلساته في أنقرة وانتخب مصطفى كمال رئيسا له.

ومن الطريف أن الدين الإسلامي استغل في الصراع بين حكومة إستنبول والسلطان محمد السادس الذي تولى الحكم بعد وفاة أخيه السلطان محمد الخامس في 3 يوليو/ تموز 1918 من جهة ومصطفى كمال وأنصاره من جهة أخرى، فالسلطان استصدر فتوى من شيخ الإسلام دروي أفندي عبد الله تتهم مصطفى كمال بالكفر وتوجب محاربته، ولكن مصطفى كمال رد عليه بأن جعل مفتي أنقرة يصدر فتوى مضادة عد فيها فتوى شيخ الإسلام باطلة.

ولم يمض وقت طويل حتى انهارت حكومة إستنبول. وفي 30 أكتوبر/تشرين الأول 1922 قدمت مسودة اقتراح إلى المجلس الوطني الكبير تدعو إلى ميلاد الجمهورية، وفي الأول من نوفمبر/تشرين الثاني 1922 ألقى مصطفى كمال خطابا في المجلس الأكبر أكد فيه أن "الخلافة كمؤسسة انتهت منذ أن أعدم

هولاكو آخر خليفة شرعي وهو المستعصم بالله سنة 1258 ميلادية، وحين احتل السلطان سليم الأول (1512-1520) مصر سنة 1517 لم يهتم بنقل الخلافة إلى نفسه من الخليفة القائم" وبعد أن انتهى مصطفى كمال من خطابه اتخذ المجلس الوطني الكبير خطوة مهمة وهي فصل السلطنة عن الخلافة وتجريد الخليفة من السلطة الزمنية ليحتفظ فقط بلقب الخليفة، وفي 16 نوفمبر/تشرين الثاني 1922 اتهم المجلس الوطني الكبير السلطان محمد السادس بالخيانة لأنه هرب في اليوم التالي إلى مالطة، وعندئذ غدت حكومة أنقرة الكمالية هي الحكومة الوحيدة في تركيا، وفي 29 أكتوبر/تشرين الأول 1923 عقد المجلس الوطني الكبير في أنقرة جلسة تاريخية أعلن فيها قيام الجمهورية التركية وانتخاب مصطفى كمال أول رئيس لها.

الدولة القومية التركية

إن الخطوات العملية لعلمنة الدولة التركية لم تكتمل إلا في أعقاب إعلان الجمهورية، وقد جرى ذلك بطريقة تدرجية، فمصطفى كمال رضي أول الأمر بالتفريق بين السلطتين الدينية والسياسية التي كان ينعم بها الخليفة فنزع عنه السلطة السياسية وأبقاه خليفة، ثم اتخذ بعد ذلك خطوة مهمة وهي إلغاء الخلافة بعد

أن شعر أن الخلافة فقدت أهميتها، ولكي يملأ الفراغ الفكري والسياسي الذي حدث في تركيا بعد إلغاء الخلافة في 3 مارس/آذار 1924 دعا المجلس الوطني الكبير لإصدار رسالة بعنوان "الخلافة وسلطة الأمة" وأكدت الرسالة على أن "الخليفة إنما يستمد سلطانه من الأم، فهي مصدر قوته، وهي التي تختاره لهذا المقام، وللأمة حق عزله أو استبداله."

وهكذا فإن مصطفى كمال كان يحرص في كل خطواته التي أخذها للوصول إلى غايته وهي تأسيس دولة قومية تركية تكون بديلة للخلافة الإسلامية، وتكون هذه الدولة حديثة وعصرية ترتقي إلى مصاف الدول الغربية المتقدمة، وأخذ يؤكد مسألة مهمة وهي أن الوقت قد حان لأن ينظر الأتراك القوميين إلى مصالحهم ويقطعون صلتهم بالشعوب الإسلامية التي عاشوا معها قرونا طويلة، وقال في المجلس الوطني الكبير مخاطبا الأتراك "أليس من أجل الخلافة والإسلام... قاتل القرويون الأتراك وماتوا طيلة خمسة قرون؟ لقد آن الأوان أن تنظر تركيا إلى مصالحها القومية."

ولنتساءل هنا: هل أن جهد مصطفى كمال ومن سبقه في مجال السعي باتجاه إحلال مبدأ "القومية" محل "الخلافة" و"الدين" قد نجح؟ من الناحية التاريخية والعملية فإن مصطفى كمال أتاتورك وخلفاءه من بعده وخاصة عصمت إينونو، حرصوا على أن تكون "القومية" التي يدعون إليها غير متعصبة، وقد جرت محاولات عديدة

للتخفيف من النزعة الطورانية كرؤية متعصبة للقومية لكنهم أدركوا أنهـم بإزالة الخلافـة ومفهـوم الأمـة الإسلامية فإنهم يزيلـون الحـاجز أمـام أمتهم التركيـة الجديـدة لتحقيـق مسـألتين أولاهـما أن الـدول الغربيـة قـد أصبحت أكثر مرونـة في التعامل مع تركيا. وثانيهما الإقدام علانية على التصريح بالتوجهات العلمانية للدولة التركية حتى أن البعض من المراقبين عدوا ما فعله مصطفى كمال بمثابة مغامرة كبرى لاستبدال الفكرة الإسلامية بالفكرة القومية العلمانية الغربية.

ولكي يعالج مصطفى كمال هـذه الهـواجس، طلب أن يتم الإبقـاء في دستور 1924 على المادة التي تنص على أن "الدين في دولة تركيا هو الإسلام" ولكن مـن جهـة أخرى اشترط الدستور بأن لا أحد سوف يراقب عـلى دينـه فالإيمـان والـدين يعـود إلى القلب، وسـتجاز كـل المناسـبات الدينيـة والخـدمات التـي لا تتعـارض مـع النظام أو الأخـلاق أو القـانون. كما وصـف الحـزب الـذي أنشـأه مصطفى كمال، وهو حـزب الشعب، وعقد مؤتمره الأول في 15 أكتوبر/تـشرين الأول 1927، نظام تركيا الحـديث بأنه نظام جمهـوري وطنـي شعبي علماني، وقـد استمر مـصطفى كمال في جهـوده لتحديث المجتمع التركي كما أخذ يقمع المظاهر الدينيـة التقليديـة وشن حملة عـلى الطرق الصوفية، وهدد بإغلاق التكايا ودعا أصحابها الى إغلاقها عن طيب خـاطر وإلى الأبد "قبل أن يدمرها فوق رؤوسهم."

74

ولم يمض وقت طويل حتى صدر دستور سنة 1937 ونص على أن تركيا دولة علمانية، وبهذا فقد أزيلت المادة التي تعد الإسلام دينا رسميا للدولة في تركيا، ولكن تبقى هناك مسألة مهمة وهي أن مصطفى كمال وان نجح في فصل تركيا عن ماضيها المرتبط بالإسلام وأكد الهوية القومية للأتراك، لكنه أخفق في حسم مسألة الهوية الحقيقة للأتراك، فالمتغيرات التي أحدثها مصطفى كمال وحلفاؤه في المجتمع التركي لم تكن أكثر من تقليد للجانب الشكلي من نظم الغرب وقوانينه ، وهذا أدى إلى عدم حماس القاعدة العريضة في الشعب لهذه المتغيرات ، إن لم نقل مقاومتها ، الأمر الذي يجعلنا نقول إنه ليس بإمكان أي سلطة في تركيا اليوم الاستمرار في تجاهل حقيقة مهمة، وهي ان الإسلام من أكثر القوى السياسية والاجتماعية تأثيرا في تركيا وإن تغيير هوية تركيا الإسلامية ليس من السهولة إحداثه وما نجاح حزب العدالة والتنمية ذو التوجه الإسلامي اليوم في الوصول إلى حكم تركيا إلا دليل على ذلك.

الإعلام بين العلمانية والأسلمة

يعتمد صانعوا السياسة في تركيا على وسائل الإعلام كأداة أساسية للتعبير عن مواقفهم وسياساتهم لكسب الدعم والتأييد لبرامجهم فضلا عما تمثله من قنوات

مهمـة يـستخدمونها في تعبئـة الـرأي العـام إزاء القضايا المتعلقـة بالـشؤون الخارجية أو الداخلية، وفي بناء البيئة السياسية وإعادة تشكيلها في ظل تواصل النـزاع بين العلمانيين والإسلاميين.

واقع الإعلام التركي

شهدت تركيا المواكبة لحركة العولمة تطورا سريعا في وسائل الإعلام خلال العقـد الماضي وبصورة موازية لحركة التنميـة التي شهدتها البلاد، وكـان أبـرز سـمات هـذا التطور التعددية والتنوع إلى أقصى حد، إذ تصدر في عموم تركيا اليوم أكثر من (3450) صحيفة ومجلة بين صحف قومية وأخرى إقليمية ومحلية ومجلات أسبوعية ودوريـة و(258) قناة تلفازية تبث بعضها عـلى النطـاق القـومي والأخـرى تبث عـلى النطاق الإقليمي والمحلي و(1090) محطة إذاعية قومية وإقليمية ومحلية.

ومن بين كل هذه الوسائل بـرزت سبع مجموعـات إعلاميـة كـبرى، تضم كـل واحدة منها عددا من الصحف والمجلات المتنوعة ومحطات الإذاعـة وقنـوات التلفـاز الخاصة ووكالات الأنباء ودور النشر، خمس منها ذات توجهات علمانية هي: مجموعة دوغان ميديا ومجموعة بيلغن ميديا ومجموعـة رومـلي هولـدنك ومجموعـة اقتصاد ميديا، واثنتان ذواتا توجهات إسلامية هي مؤسسة فضاء الإعلامية التابعة

للجماعة النورسية- جناح فتح الله غولين ومجموعة إخلاص التي تمثل الجماعة النقشبندية.

ومع بداية عقد التسعينيات من القرن الماضي ازداد التنافس القائم بين المؤسسات الإعلامية التركية العلمانية والإسلامية الساعية لمواكبة التحولات السريعة في التقنيات المتطورة، وشجع إجمالحجم التعاملات التجارية لقطاع الإعلام التركي وإيرادات الإعلانات، الشركات الكبرى للاستثمار في قطاع الإعلام الخاص، كما ازداد اهتمام جماعات رجال الأعمال الأتراك بامتلاك المؤسسات الإعلامية.

وشهدت هذه المدة صعودا واضحا لوسائل إعلام التيار الإسلامي، فقد أصبحت تمتلك عددا من القنوات التلفازية الفضائية ومحطات الإذاعة الخاصة إضافة إلى عدد من الصحف والمجلات، ولأول مرة ارتفع معدل التوزيع اليومي لصحيفة (زمان) التي تمثل الطريقة النورسية وهي من أبرز الصحف القومية للتيار الإسلامي من 61 ألف نسخة يوميا في ديسمبر/ كانون الأول 1990 إلى ما يقارب 600 ألف وبالتحديد (587.482) في ديسمبر/ كانون الأول 2005.

وبذلك أصبحت(زمان) من بين أبرز ثلاث صحف قومية صادرة في عموم تركيا، ويشكل هذا التطور مؤشرا إيجابيا عن ارتفاع مستوى مقروئية صحف التيار

الإسلامي ومنافستها بقوة للصحف العلمانية، إضافة إلى صدور ما يقارب من (50) صحيفة و(150) مجلة مرتبطة في معظمها بطرق دينية وتعبر عن حركة فكرية نشطة للإحياء الإسلامي وتنشر ـ أحيانا مقالات تثير استياء الحكومة والمؤسسة العسكرية ما يؤدي إلى مصادرة بعض أعدادها أو تعطيل صدورها.

ورغم هذا التطور الملحوظ، تبقى وسائل إعلام التيار الإسلامي تحتل المرتبة الثالثة بعد وسائل إعلام الاتجاه اليميني الليبرالي ووسائل إعلام الاتجاه اليساري وكلاهما يشكلان الاتجاه الأقوى المدافع عن العلمانية في تركيا.

جذور الصراع الإعلامي

ولدت الصحافة التركية عام 1831 في كنف الدولة العثمانية، وهي دولة الخلافة الإسلامية التي سعت إلى توظيف الدين لإضفاء صفة الشرعية على أعمالها، وكان من الطبيعي أن يكون الاتجاه السائد في الدولة العثمانية عموما هو التيار الإسلامي بحكم أنها دولة الخلافة الإسلامية التي كانت الصحافة التركية في بداية نشأتها تعد صحافة الدولة الناطقة بلسانها والمدافعة عن الإسلام.

ومع تزايد نشاط الصحف الصادرة عن جمعية الاتحاد والترقي أو الموالية لها في الخارج أثناء حكم السلطان عبد الحميد الثاني، وردا على سياسة الجمعية المذكورة، أوجد بعض الأتراك وبرئاسة الشيخ درويش وحدتي حزبا سموه الاتحاد

المحمدي وذلك في الخامس من أبريل/ نيسان 1909. وقد قامت عقيدة هذا الحزب ضد فكرة جمعية الاتحاد والترقي، وبهدف تأكيد أحكام الشريعة الإسلامية ومعارضة فكرة الإصلاحات الغربية التي كانت جمعية الاتحاد والترقي تدعو لها.

وقد قام درويش وحدتي بتأسيس صحيفة ولقان الدينية التي تعد البداية الأولى لظهور صحافة ذات طابع إسلامي في ظل الصراع الذي نشأ في أواخر عهد الدولة العثمانية بين التيار المقلد للغرب الذي قادته ودعت إليه جمعية الاتحاد والترقي وتيار المسلمين الذين أخذوا في ذلك الوقت موقف المدافع عن الإسلام، إذ لم يكن في عهد الدولة العثمانية شيء اسمه الحركة الإسلامية، كما هي عليه الآن في تركيا.

وقد نظم اليهود حملة ضد وحدتي واتهموا السلطان عبد الحميد بالتواطؤ معه، وانتهت الحملة بخلع السلطان عبد الحميد وإعدام وحدتي وإغلاق صحيفته والصحف المعارضة للاتحاديين ومنها صحيفة ولقان ومجلة بيان الحق اللتان كانتا تقودان المعارضة الدينية.

وقامت الحركة الكمالية التي كانت متأثرة بالغرب، بعد تأسيس الجمهورية التركية عام 1923 وإعلان العلمانية، بإجراءات هدفها إلحاق تركيا بالمدنية الغربية وسلخها عن ارتباطاتها الشرقية وعن عقيدتها الإسلامية وتراثها الثقافي

والاجتماعي. لذلك واجهت الحركة الكمالية في بدايتها معارضة من بعض الصحف مثل طنين، توحيد الأفكار، سبيل الرشاد، ألوص التي كانت تدعم كتلة الارتقاء بالجمهورية ذات الاتجاه الإسلامي، ما دفع الحكومة إلى إحالة رؤساء تحرير هذه الصحف إلى محكمة المطبوعات.

وفي العام 1924، ألغى مصطفى كمال أتاتورك الخلافة ونفى أفراد العائلة العثمانية خارج البلاد، كما ألغى المدارس الدينية ومحاكم الشريعة، ومنع رجال الدين وقوى المعارضة من استخدام الدين أداة ضد الكماليين. واستمر الحال حتى العام 1946، عندما دخلت تركيا عتبة نظام التعدد الحزبي الذي سمح بظهور جمعيات وصحف إسلامية مثل سبيل الرشاد وسلامت وحر آدم.

وأظهرت انتخابات العام 1946، تنامي دور الحركة الإسلامية في الحياة السياسية والاجتماعية في تركيا. وعندما وصل الحزب الديمقراطي إلى السلطة عام 1950، كان أكثر مرونة بشأن المسألة الدينية، إذ منح رجال الدين دورا في تربية الجيل الجديد، وكانت الصحافة التركية ميدانا مهما للحملة على العلمانية.

بين خطابين إعلاميين

تسعى وسائل إعلام التيار الإسلامي إلى منح الجمهور انطباعات تؤكد توازنها الفكري وسعيها للحفاظ على الصدق والموضوعية في تناول الأخبار التي

تنشرها وفي معالجة قضايا تركيا الداخلية وعلاقاتها الخارجية برؤية تبتعد عـن التطرف والعنصرية.

ويرتكز خطاب هذه الوسائل على الدعوة إلى عودة تركيا إلى هويتها الإسلامية وتوثيق علاقاتها مع الدول الإسلامية والعربية، لذلك تتهمها الصحف العلمانية بأنها تسعى إلى إقامة نظام إسلامي، وإحلال الشريعة الإسلامية بدلا عـن العلمانيـة. وتؤكد صحافة هذا الاتجاه على أهمية الانتباه للمخططات الصهيونية التي تحيق بتركيا، وتشير إلى أن الجمهور التركي بأغلبيته المسلمة وباتجاهاته الإسلامية والقومية يقف بالضد من الصهيونية وأطماعها.

وتتباين السياسة الإعلامية لوسائل إعلام التيار الإسلامي تبعا للطرق أو الجماعات الدينية التي تصدر عنها مثل النورسية ، النقشبندية والقادرية، حيث يشكل الإعلام الإسلامي أهمية كبيرة للطرق الدينية في تركيا سواء كمسلك للتأثير أو قناة للتعبير عن الرؤى التي تطرحها بشأن تصوراتها لمستقبل المجتمع التركي في ظل سعيها لتقويض محددات النظام العلماني تجاهها.

أما وسائل الإعلام العلمانية فتنتهج سياسة إعلامية تركز على دعم النظام العلماني في تركيا الذي أرسى دعائمه أتاتورك، ومواجهة التيار الإسلامي ومحاربة أفكاره ودعواته المستمرة لإعادة الهوية الإسلامية لتركيا، كما يركز هذا الاتجاه في

الصحافة على نشر مواضيع الإثارة والفضائح وغيرها من المواضيع التي تتنافى مع القيم الأخلاقية للدين الإسلامي.

ويشتد اعتماد القوى العلمانية على وسائل إعلامها كلما أنتعش الإسلام السياسي في تركيا وحقق نتائج انتخابية تؤهله لتشكيل الحكومة أو المساهمة فيها أو حاز على نتائج جيدة في الانتخابات البلدية، حيث تنبري له هذه الوسائل بحملات واسعة تكاد تتركز على قضيتين مهمتين الأولى مسألة التعليم الديني والثانية مسألة الحجاب.

فالتعليم العلماني جزء من عملية تعبوية كبرى أرسى دعائمها النظام الجمهوري، وقد أنتجت هذه العملية السياسية التعليمية ضباطا ومدرسين وقضاة ومثقفين وأطباء وصحافيين ومهندسين يشكلون الآن أبرز الدعائم الرئيسة للنظام العلماني في تركيا. ولذلك سعى النظام الجمهوري منذ البداية إلى نزع الشرعية عن التعليم الديني لمنع ظهور نخب منافسة للنخب العلمانية المؤثرة في البلاد.

وغالبا ما تكون وسائل الإعلام التركية ميدانا للصراع بين الجانبين بصدد هذا الموضوع، فوسائل الإعلام العلمانية تولي اهتماما وتركيزا بالغ الحساسية إزاء سعي التيار الإسلامي لتخفيف أو رفع بعض القيود والمحددات على إنشاء المدارس

الدينية لإعداد الأئمة والخطباء وتصور هـذه القـضية عـلى أنهـا تهديـد خطير للنظام العلماني ومحاولة لتقويضه.

والقضية الثانية التي تهـتم بهـا وسـائل الإعـلام التركيـة العلمانيـة هـي مـسألة الحجاب، فقد تم تشديد الحظر عليه بعد العام 1997، واضطرت أكثر مـن (10) آلاف طالبة تركيـة للـذهاب الى الدراسـة الجامعيـة في أذربيجـان بعـد منعهن مـن دخـول الجامعات في إسطنبول بسبب ارتدائهن الحجاب، بـل ان رئيس الـوزراء رجـب طيب أردوغان اضطر إلى إرسال ابنته للدراسة في الولايات المتحدة للسبب نفسه.

واستمرت بعض وسائل الإعلام العلمانية مثل صحف حريت وملليت، حملتها الإعلامية على الحجاب الإسلامي بانتقادات وجهت لزوجات عدد كبير مـن الـوزراء في حكومة حزب العدالة والتنمية بسبب ارتدائهن الحجاب خلال المناسبات الرسمية بمـا في ذلك زوجة أردوغان.

ويدافع العلمانيون في وسائل إعلامهم عن الحظر عـلى الحجـاب في تركيـا بأنـه أمر مشروع لمواجهة الأصـولية الإسـلامية الـتي تريـد فـرض رمـوز دينيـة صـارمة عـلى المجتمع وإقامة دولة تقوم على الأفكار الدينية.

علاقة جديدة

تشغل حرية وسائل الإعلام في النظم الديمقراطية موقعا متميزا ضمن الحريات السياسية والمدنية، وهناك ثلاثة معايير لقياس تلك الحرية، الأول معيار القوانين والتشريعات التي تنظم وتوفر الحماية لوسائل الإعلام، والثاني معيار عمق نفوذ وسيطرة الحكومة على مضمون ومحتوى الصحف ووسائل الإعلام، والمعيار الثالث تمويل الصحافة ووسائل الإعلام.

ووفقا لتلك المعايير هناك عدة عوامل مؤثرة على حرية وسائل إعلام التيار الإسلامي في تركيا، تتحكم في رسم مسار سياستها الإعلامية وتوجهاتها ومواقفها خاصة في صراعها مع العلمانيين. ويأتي في مقدمة هذه العوامل الدولة بشقي مؤسستيها السياسية (الحكومة) والعسكرية (قيادة الجيش) إضافةً إلى رجال الإعمال الأتراك من مالكي المؤسسات الإعلامية والدونمة واليهود والماسونية، لما يشكله هذا الثلاثي من أهمية وسيطرة على وسائل الإعلام والمؤسسات التجارية الكبرى في تركيا.

فقد استخدمت الدولة الملاحقات القضائية وفرض الغرامات المالية ضد عدد من الصحف ووسائل الإعلام الإسلامي والصحافيين في حال تناولهم بعض الموضوعات السياسية المختلف عليها مثل الإسلام السياسي وغيرها من القضايا، كما أصدرت المؤسسة العسكرية التركية في فبراير/ شباط 1997 قائمة ضمت (100) مؤسسة فرضت عليها حظر التعامل على أن تخضع للتحري باعتبارها

تدعم الحركات الإسلامية ماليا، وتابعت المؤسسة العسكرية حملتها ضد التيار الإسلامي، فوضعت قائمة جديدةً تضم (19) صحيفة و (110) مجلات و(20) محطة تلفاز و(51) محطة إذاعية باعتبار أن تلك المؤسسات تمارس أنشطة إسلامية تخريبية معادية للعلمانية.

غير أن هذه المحاولات لتقييد أنشطة الإعلام ذي التوجهات الإسلامية كانت قد ترافقت مع حملة الجيش لإقصاء رئيس الوزراء الإسلامي المتشدد نجم الدين أربكان عام 1997، في حين جرت تحولات بعد ذلك التاريخ في العلاقة بين النمطين الإعلاميين، إذ استطاعت وسائل الإعلام التركية العلمانية والإسلامية التكيف مع هذا الصراع الطويل بحيث نجحت في تحويل الأفكار الأيديولوجية الكبرى لكل من منطلقات للصدام إلى منطلقات للحوار القائم على عدم إقصاء أي طرف من المعادلة السياسية والاعتراف بحق التيارات المختلفة في التعبير أي إعادة النظر في أيديولوجية الخطاب السياسي للتيار الإسلامي بما يتوافق مع أطر النظام العلماني بهدف تجنب مرحلة الصدام تلك.

وقد شجع على الوصول إلى هذه المرحلة السياسة التي اعتمدها حزب العدالة والتنمية الحاكم والقائمة على المناداة بالديمقراطية المحافظة المؤمنة بالعلمانية بمعناها الأوروبي الذي يمنح كل فرد الحق في ممارسة نمط الحياة الذي يريده سواء كان إسلاميا أم غير ذلك، مقابل التخلي عن العلمانية الكمالية التي

أصبحت نمطا خاصا قائما على عـدم الإقرار بالعديـد مـن الحريـات الشـخصية للأفراد كحق التعليم الديني أو حق المرأة في ارتداء الحجاب.

وهذا التحول في مفاهيم حزب العدالة والتنمية –أحد تيارات الإسلام السياسي في تركيا- يعطي مؤشرا على أن هذا التطور الذي حـدث في التجربـة التركيـة يكمـن في وجود مساحة حقيقية للصراع الديمقراطي بين العلمانيين والإسلاميين محكومـة بقيـود المؤسسة العسكرية الكمالية.

وقـد يـشهد المـستقبل تراجع العلمانيـين عـن بعـض مـواقفهم المتـشددة إزاء الحجاب والتعليم الديني وبعض القضايا الخلافية الأخـرى بـين التيـارين، حيـث بـدأ بعض الكتاب العلمانيين التعامل مع موضوع الحجاب والتعليم الديني على أساس أنه حق من حقوق الإنسان ويجب عدم النظر إليه خارج أطار تلك النظرة، وهـو تراجـع مهم عن مواقف متزمتة، يماثل تراجع المؤسسة العسكرية (حرس النظام العلماني) عن بعض محدداتها الخاصة بالقضية الكردية مثلا ومنها السماح باستخدام اللغـة الكرديـة داخل تركيا بعد أن كان ذلك من بين المحظورات الكبرى .

الجيش التركي والإنحياز للعلمانية

لعب الجيش التركي ويلعب دورا مهما وأساسيا في مجمل الحسابات السياسية التي يبدو أنها لا ولن تتخلص بسهولة من حالة الخوف من قوة العسكر الملخصة بنزول الدبابات إلى الشوارع معلنة نهاية عدة حكومات مدنية حتى الآن.

تأثير الجيش

يحمل الكثيرون مصطفى كمال أتاتورك مؤسس الجمهورية الحديثة مسؤولية الحالة الغريبة التي أوجدتها ظاهرة الانقلابات العسكرية التي لا تختلف أساسا عن الوضع في دول العالم الثالث، لأن جميع الأنظمة الديكتاتورية في هذه الدول تعتمد أساسا على دبابات العسكر وإرهاب أجهزة المخابرات.

إلا أن الوضع في تركيا قد يختلف نسبيا عن هذه الدول، لأن تركيا رغم كل سلبياتها تعتبر دولة ديمقراطية بالمعايير الغربية منذ العام 1950 حيث انتقلت البلاد إلى التعددية الحزبية التي جعلت من تركيا جزءا من العالم الغربي وعضوا في حلف شمال الأطلسي (الناتو) وعنصرا أساسيا في الحرب الباردة ضد المعسكر الشيوعي السوفياتي.

وقد أسهم ذلك في دعم دور العسكر في الحياة السياسية، ونظرت واشنطن وعواصم (الناتو) إلى تركيا كحليف إستراتيجي، ولم تتأخر في دعم الجيش التركي حتى أصبح أكبر جيش في المنطقة بعد أميركا، كما أنها دعمت بشكل خاص القادة

العسكريين الأتراك الذين أثبتوا بدورهم وفي العديد من المناسبات وفاءهم لواشنطن أكثر من أنقرة، ولعل هذه الحقيقة تفسر الإيحاءات الدائمة لدور واشنطن في جميع الانقلابات العسكرية التي شهدتها تركيا حتى الآن.

ويستمد الجنرالات الأتراك قوتهم من دعم رجال الأعمال الكبار ووسائل الإعلام الكبيرة التي تلعب دورا أساسيا في إعداد وتهيئة الشارع التركي للانقلابات العسكرية وبأساليب ذكية، إذ لرجال الأعمال الكبار مصالح مادية كبيرة في العلاقة مع الجيش بعدد أفراده البالغ مليون عسكري، ويحتاجون يوميا للكثير من الحاجات التي تكلف الدولة الملايين بل المليارات من الدولارات التي طالما خصصتها جميع الحكومات للجيش الذي يتحجج دائما بحماية النظام العلماني والأمن الوطني والقومي ضد المخاطر الداخلية والخارجية وفي مقدمتها حزب العمال الكردستاني الذي كلف الدولة التركية حوإلى100 مليار دولار .

ولم تتأثر سمعة الجيش بسبب فشله وجنرالاته في القضاء على حزب العمال الكردستاني ومازال هذا الجيش في مقدمة المؤسسات التي يثق بها الشعب التركي بأغلبية تصل إلى 80% وربما لأن الإنسان التركي ذو عقلية ونفسية عسكرية، حيث إن المواطن التركي عندما يتودد لابنه الصغير ويمدحه يقول "ابني سيكبر ويصبح باشا" أي جنرالا!

وتفسر هذه العقلية التأييد الشعبي الدائم للانقلابات العسكرية التي هيأ الجنرالات الأجواء اللازمة لها، ودون أن يتذكر المواطن أن الجنرالات كانوا طرفا في فشل جميع الحكومات السابقة في تحقيق الأمن والاستقرار لأن الأحكام العرفية كانت معلنة ومطبقة في عموم أنحاء البلاد لسنوات طويلة. ودون أن تكون هذه الأحكام العرفية كافية بالنسبة للجنرالات الذين تحججوا دائما بتدهور الأوضاع الأمنية واعتبروها مبررا لتدخلاتهم العسكرية واستلام السلطة.

وكانت الحكومات الائتلافية الضعيفة السبب الآخر لشجاعة الجنرالات الذين استغلوا هذا الضعف واعتبروه مبررا مقنعا للشارع في انقلاباتهم العسكرية التي انتهى عهدها بعد الانقلاب الرابع عام 1997.

ولقوة تأثير الجيش التركي وتدخله المباشر في الشأن السياسي وفي تحديد شكل الحكومات وهوية الحكام جذور تاريخية تعود إلى الجيش الانكشاري العثماني الذي لعب أدوارا مهمة في تغيير السلاطين ورؤساء وزرائهم أو الإطاحة بهم خنقا أو شنقا أو قتلا!

وجاءت حركة الاتحاد والترقي التي انطلقت من بين صفوف الضباط لتثبت مدى أهمية العسكر في الحياة السياسية، خاصة بعد أن أطاح قادة الاتحاد وهم من العسكر بالسلطان عبد الحميد في أبريل/ نيسان 1909، حيث وعى اليهود واليهود

الدونما الذين لعبوا دورا أساسيا في حركة الاتحاد لأهمية العسكر ودورهـم في الحياة السياسية فسعوا دائما لإقامـة علاقـات سريـة وعلنيـة مـع قيـادات العسكر في جميع مراحل التاريخ التركي العثماني منه والجمهوري.

فشل العديد مـن السـلاطين وفي مقدمتهم السلطان أحمد الثالث ومـن ثم محمود الثاني في التخلص من تحكم العسكر في الحيـاة السياسية التي بقيت تحـت تأثير الجنرالات في العهد الجمهوري، خاصة بعـد أن خـاض الضـابط الشـاب مصطفى كمال أتاتورك حرب الاستقلال ضـد بقايـا الحكـم العثمانـي وقـوات الاحـتلال الفرنسي- والبريطاني واليوناني والإيطالي التي احتلت أرض الأناضـول بعـد الحرب العالميـة الأولى التي هزمت فيها ألمانيا وحليفتها تركيا.

وبرز اسم أتاتورك كجنرال قوي ومنتصر مع رفاقه العسكر الـذين صاغوا إطار الحياة السياسية للبلاد وفـق مـزاج الجيش بعقيدتـه الأتاتوركيـة التـي تعنـي حمايـة النظام العلماني ضد كافة أنواع المخاطر الداخليـة والخارجيـة وعـلى أسـاس قـوي مـن الشعور القومي الذي كان الجيش رمزا لـه وأحيانا لعنصريته البارزة!

وقد التزم جنرالات الجيش بعد وفاة أتاتورك أيضا عام 1938 بـنفس المبـادئ، حيث كان لهم دور أساسي في مجمل المعادلات السياسية خـلال فـترة حكـم عصـمت أينونو الذي خلف أتاتورك في رئاسة الجمهورية حتى العام 1950 عندما

انتقلت البلاد إلى التعددية الحزبية بإذن من جنرالات الجيش الذين كانوا يعرفون أنهم يملكون القوة الكافية للتدخل حين اللزوم.

سلسلة الانقلابات

يمكن تلمس أثر الجيش التركي في مجمل الأحداث التي جرت بعد تأسيس الجمهورية، لكن هذا الجيش تدخل بشكل مباشر من خلال أربعة انقلابات عسكرية خلال أقل من 40 عاما، لتغيير حكومات مدنية منتخبة لأسباب مختلفة في مقدمتها حماية النظام العلماني.

أول الانقلابات وأكثرها دموية جرى في 27 مايو/ أيار 1960 عندما أطاح الجيش بحكومة عدنان مندريس بعدما وجهت له اتهامات بالسماح للقوى الدينية بالعمل بحرية كانت الحكومات العلمانية السابقة قد منعتها تماما، ورغم أن مندريس لم يكن بالأصل إسلاميا فإن مجرد محاولته تخطي شكل العلمانية الذي شرعه أتاتورك كان كفيلا بمحاكمته وإعدامه مع ثلاثة من وزرائه بتهم غير جدية.

ولعلنا نلاحظ أن واشنطن لم تتدخل لإنقاذ مندريس رغم أنه كان قريبا منها وقدم لها وللغرب خدمات جليلة، حيث تحولت تركيا في عهده إلى مخفر متقدم وإستراتيجي للحلف الأطلسي ضد الاتحاد السوفياتي والمد القومي العربي بقيادة عبد الناصر.

91

وجـاء الانقـلاب الثـاني في مارس/ آذار 1971، وهـذه المـرة لحمـاية الحسـابات الأميركية حيث كانت البلاد تشهد صراعات دموية بين القوى اليسارية التي تصدت لها القوى اليمينية (الإسلامية والقومية) بدعم مـن الدولـة المدعومـة مـن واشـنطن التـي كانت تتخوف للتيار اليساري أن يتحول إلى قوة جدية في الشارع التركي، خاصة بعد أن قام اليساريون الذين تـدربوا في مخيمـات المـنظمات الفلـسطينية في لبنـان بعمليـات مسلحة استهدفت القواعـد الأميركيـة والعـاملين فيهـا وقتلـوا القنصل الإسرائيلي في إسطنبول.

وحدث الانقلاب الثالث في سبتمبر/ أيلول 1980 وسط ظـروف داخليـة مماثلـة لكن هذه المرة بأبعاد إقليمية، حيث كانـت تركيـا تعيش ظروف التمـرد الكـردي في جنوب البلاد بالإضافة إلى صعود القوى اليسارية، في وقت شهد إقليميا تداعيات الثورة الإيرانية واندلاع الحـرب العراقيـة- الإيرانيـة والاحتلال السوفياتي لأفغانستان، وكان كل ذلك يجري في غمرة الحـديث عـن نظرية الحزام الأخـضر لبريجنـسكي ضـد الاتحاد السوفياتي.

كانت تركيا من أهم عناصر هذا الحزام الذي استهدف إحاطة جنوب الاتحاد السوفياتي بطوق مـن الـدول ذات صبغة إسلامية، حيـث كـان لانقـلاب 1980 الـذي أعلنت عنه واشـنطن حتى قبل السماع عنه في أنقرة تأثير مهم وكبير في مجمل المعطيات السياسية حيث حكم قائد الانقلاب كنعان أيفرين البلاد لمدة سبع سنوات

رئيسا للجمهورية بعد أن صاغ دستورا غريبا وعجيبا مازال الأتراك يعانون منه رغم تغيير العديد من بنوده ومواده باستثناء تلك التي تعترف لقادة الانقلاب بحصانة دستورية إلى الأبد.

وقد فشل جميع رؤساء الوزراء الذين حكموا البلاد بعد ذلك العام بمـن فيهم الذين استهدفهم الانقلاب العسكري المذكور ومنهم سليمان ديميريل وبولنـت أجاويـد ونجم الدين أربكان من تغيير هذه المواد والمواد الأخرى المناقضة للديمقراطية وهو ما يؤكد "حالة الخوف النفسي" التي يعاني منها السياسيون الأتراك من جنرالات الجيش.

أما الانقلاب الرابع فجرى في فبراير/ شباط 1997 وكان انقلابا" نظريا" اكتفى فيه الجيش بإخراج الدبابات إلى الشوارع في أنقرة ليضطر رئيس الـوزراء نجـم الـدين أربكان إلى الاستقالة، قبل أن يصل الجيش إلى مقر رئاسة الحكومة.

وبرزت في هذا الانقلاب حدة الصراع العلماني الإسلامي الـذي دفـع إلى تـدخل الجيش مرة أخرى للسبب ذاته، لاسيما وأن أربكان قام خـلال العـام الـذي تـولى فيـه رئاسة الحكومة بإجراءات لم يخف فيها رغبته بتغيير معالم أساسية في النظام العلمـاني التركي الذي يؤكد الجنرالات أنهم أصحابه وحماته باسم الأمة التركية وإلى الأبد.

المعطيات الجديدة

بقيت ظلال الجيش في السلطة حتى نهاية التسعينيات بسبب الدستور الذي صاغه قائد انقلاب عام 1980الجنرال كنعان أيفرين، حتى بدأ الحديث عن ترشيح تركيا لعضوية الاتحاد الأوروبي في قمة هلسنكي نهاية العام 1998.

فتح هذا الأمر صفحة جديدة في التاريخ السياسي التركي بعيدا عن تأثير جنرالات الجيش الذين كان عليهم أن يبتعدوا عن الساحة السياسية حسب المعطيات الأميركية والأوروبية الجديدة التي لم تعد ترى في روسيا واليونان وسوريا وإيران والعراق خطرا على الحسابات الغربية التي طالما كان لتركيا دور مهم فيها بجيشها الكبير والعظيم!

وبدأت حملة الإصلاحات التي سميت بالديمقراطية بالتعديلات الدستورية والقانونية التي استهدفت سلطات وصلاحيات الجيش في الحياة السياسية، حيث نجحت حكومة أجاويد ومن بعدها حكومة أردوغان في تمرير هذه الإصلاحات بفضل مرونة قائد الجيش السابق حلمي أوزكوك المعروف عنه شخصيا تهربه من أي توتر أو مواجهة مع الحكومة بحجة أن ذلك ليس لخدمة المصالح الوطنية والقومية لتركيا.

واستغلت حكومة أردوغان ذلك فحسمت مجمل التعديلات التي وضعت حدا
نهائيا لدور العسكر في الحياة السياسية بعد أن أصبح عدد أعضاء مجلس الأمن
القومي 9 مدنيين مقابل 5 من العسكر بعد أن كان عدد المدنيين 4 منذ تأسيس
المجلس قبل 70 عاما تقريبا، كما أن قرارات المجلس لم تعد ملزمة للحكومات كما
كانت في السابق، حيث أصبح الأمين العام للمجلس مدنيا ويتبع لرئيس الوزراء بعد
أن شغل الجنرالات هذا المنصب لمدة 70 عاما وبالعلاقة المباشرة مع رئاسة الأركان
التي لم تعد تملك أي صلاحيات في نشاط المجلس الذي أصبح يجتمع مرة كل شهرين
بدلا من مرة في الشهر.

كما وضعت التعديلات الدستورية الأخيرة تصرفات الجيش المختلفة تحت رقابة
ومحاسبة البرلمان والأجهزة الدستورية بعد أن تخلت القوى التقليدية عن موقفها
الداعم للجيش وفي مقدمتها رجال الأعمال الكبار ووسائل إعلامهم الرئيسة التي
تستهدف الآن الجيش في أي محاولة من الجنرالات لعرقلة المسار الديمقراطي.

وبات واضحا أنه أي المسار الديمقراطي محمي من قبل الشارع التركي أكثر من
أي وقت مضى، ولأن حزب العدالة والتنمية يحكم البلاد بمفرده دون أي ائتلاف مع أي
حزب آخر. كما أن جميع استطلاعات الرأي تبين أن هذه الحكومة مازالت تحظى
بدعم واسع من المواطنين الأتراك الذين لم يكن سهلا على جنرالات

الجيش إقناعهم بعد الآن بأي مبرر لأي انقلاب عسكري إلا في حالة واحدة وهي خطر حزب العمال الكردستاني!

إن لهذا الموضوع امتدادات وحسابات داخلية وخارجية مرتبطة مباشرة بمجمل سياسات حكومة العدالة والتنمية التي ومهما حققت من تقدم إستراتيجي في مجال الديمقراطية فما زالت تتخوف من أي انقلاب عسكري طالما أن الجنرالات يملكون الدبابات التي إن خرجت إلى الشارع بحجة حماية النظام العلماني أو التصدي لخطر الانفصاليين الأكراد فالمواطنون الأتراك سيصفقون لها بشكل لا أرادي لأنهم في نهاية المطاف أحفاد للجيش الانكشاري الذي يتقدم خطوة إلى الأمام ثم يتراجع خطوتين إلى الوراء.

وقد تختلف هذه القاعدة هذه المرة ليتقدم الأتراك خطوتين إلى الأمام ويتراجعوا خطوة للوراء بفضل إصلاحات الاتحاد الأوروبي الذي قد يعود إلى دعم للجنرالات إذا أثبتوا أنهم على استعداد لحماية المصالح "الغربية الصليبية" في أفغانستان والعراق ولبنان والشرق الأوسط والأهم ضد الإسلام المتطرف السني منه والشيعي.

تركيا والغرب في عهد اردوغان والروابط التاريخية

كما أسلفنا تركيا دولة مسلمة حيث إن الأكثرية الساحقة من سكانها من المسلمين. وتعد تركيا دولة شرقية أكثر من كونها دولة أوروبية-غربية، لأن القسم الأكبر من أراضيها يقع في آسيا، ما عدا جزءا صغيرا من أراضيها يقع في أوروبا. وتعد تركيا دولة علمانية-أوروبية لأن دستورها ومبادئ أتاتورك تنص على أن تركيا دولة علمانية. وتعد تركيا دولة أوروبية لأنها تسير في الركب الأوروبي منذ فترة طويلة جدا.

تغيير الوجهة

تعود جذور علاقة تركيا بالغرب وبشكل خاص أوروبا إلى الدولة العثمانية التي دخلت في علاقات صراع مع الإمبراطوريات الأوروبية منذ فتح إسطنبول في القرن الخامس عشر وما تلاه بعد ذلك من فتح لمعظم جنوب شرق أوروبا وصولا إلى فيينا التي سجل فشل العثمانيين في فتحها في القرن الـ17 بداية العد التنازلي لإمبراطوريتهم.

لقد كانت الإمبراطورية العثمانية تمثل أكبر خطر على الأوروبيين، وهو ما يفسر -ربما- الدور الكبير للغرب في انهيار هذه الإمبراطورية من خلال خلق الفتنة والحقد بين الأقوام والملل التي كانت تعيش ضمن حدودها مترامية الأطراف،

وذلك رغم أن العثمانيين حاولوا خلال القرون الأخيرة تقليد أوروبا والغرب بشكل أعمى، وابتعدوا عن كيان الدولة الحقيقي الذي أسهم في ديمومتها مئات السنين.

وهكذا ورثت الدولة التركية الحديثة تاريخا من الصراعات والشكوك مع أوروبا، إلا أن مؤسس الدولة مصطفى كمال أتاتورك اتخذ منذ بداية العهد الجمهوري عام 1923 العديد من القرارات الجذرية التي أدت إلى تغيير وجهة تركيا من الشرق إلى الغرب. ومن بين هذه القرارات استخدام الأحرف اللاتينية مكان العربية في الكتابة وإلغاء عطلة يوم الجمعة. وهي قرارات كان لها في اعتقادي دور كبير في إقصاء جمهورية تركيا من الشرق العربي والإسلامي وتقريبها من الغرب لاسيما فيما يتعلق باستبدال الأبجدية التي تشكل مدخلا ثقافيا للتواصل الحضاري والإنساني.

وخلال عهد أتاتورك (1923-1938) تحقق تقارب بين تركيا والغرب على مختلف الأصعدة، واتخذت خطوات هامة لتطوير العلاقات السياسية بين تركيا وأوروبا. ونلاحظ أن تركيا قامت خلال هذه الفترة بتعيين 26 سفيرا لدى الدول الأجنبية، 19 منهم في العواصم الأوروبية الرئيسة مثل لندن وباريس وفيينا وأستوكهولم وبرلين. كما أن الدول الغربية وفي مقدمتها كل من إنجلترا وألمانيا وإيطاليا وفرنسا ودول أوروبا الغربية كانت تحتل مكان الصدارة بين الدول التي تقوم بالاتجار مع تركيا.

ويتضح من خلال هذه التطورات أن السياسة الرئيسة التي كانت تتبعها تركيا خـلال الأعـوام الأولى مـن تأسـيس الجمهوريـة هـي تطـوير العلاقـات السياسية والاقتصادية مع أوروبا.

الاندماج مع الغرب

كانت علاقات تركيا جيدة مع الاتحاد السـوفياتي قبـل الحـرب العالميـة الثانية، لكن هذه العلاقة قد بدأت تسوء بعد هذه الحرب إثر مطالبة سـتالين ببعض الأراضي التركية الواقعة في الشرق، بالإضافة إلى إفصاحه عن رغبته في فرض الرقابـة على حركـة المرور في المضايق البحرية التركية. وقد تـسبب هـذا الموقـف الـذي اتخذه الاتحاد السوفياتي في توجه تركيا نحو الغرب أكثر فأكثر.

وكان من بين تعبيرات هـذا التوجـه انضمام تركيا إلى حلف شمال الأطلسـي (الناتو) عام 1949 لتشكل بذلك خط الدفاع الهام بالنسبة لأوروبا الغربية في مواجهـة المعسكر الاشتراكي خلال الحرب الباردة. وبطبيعة الحـال أسـهم هـذا الأمـر في تطـوير العلاقات الدفاعية بين تركيا وأوروبا وأميركا على الأخص.

وإذا كانت العلاقات الدفاعية والأمنية قد مثلت المدخل الأكبر لعلاقات خاصـة بين تركيا والغرب فإن تركيا قامت عام 1963 بالتوقيع على اتفاقية أنقـرة التـي تقضي بقبول عضويتها التامة في الاتحاد الأوروبي، مع الاتحاد الأوروبي

الذي كان قد تأسس عام 1957 بهدف تطوير علاقاتها السياسية والاقتصادية مع أوروبا.

استمر التقارب التركي من الغرب وأوروبا طيلة فترات الحكومات التي تولت الحكم في تركيا، ما عدا بعض الفترات التي تخللتها حالات من التوتر في العلاقات مثلما حدث أثناء حرب قبرص عام 1974 عندما فرض الغرب حظرا على تركيا.

وتواصل هذا الركود في العلاقات خلال السبعينيات وتركز على الجانب الاقتصادي ولكن سرعان ما عادت هذه العلاقة لتشهد تطورا جديدا عام 1983 ولتنتهي عام 1987 بطلب تركيا الانتماء للعضوية التامة في الاتحاد الأوروبي.

وفي العام 1989 أعلن الاتحاد الأوروبي أن تركيا دولة ملائمة للعضوية في الاتحاد وأعقبها المجلس الأوروبي عام 1990 بالمصادقة على ذلك الإعلان. وبتاريخ 1 يناير/ كانون الثاني 1996 قبلت عضوية تركيا في الاتحاد الجمركي الأوروبي. وأما فيما يتعلق بقبول عضوية تركيا في الاتحاد الأوروبي فرغم كل الادعاءات والأقاويل يجب الالتزام بالواقعية في هذا الصدد. إن قبول عضوية تركيا التامة في الاتحاد أمر صعب للغاية، لأن الدول الأوروبية لا ترغب بقبول

هذه العضوية بسبب العديد من المخاوف أولها كون تركيا دولة إسلامية وثانيها بسبب زيادة عدد سكانها، بالإضافة إلى العديد من الأسباب الأخرى.

ومثلما يشير بعض المراقبين السياسيين، هناك لعبة يتم ممارستها من قبل عدة لاعبين في هذا الشأن، فمن جهة نرى أن الاتحاد الأوروبي يقدم لتركيا بعض الوعود، لكنه لا ينفذها، ومن جهة أخرى تتعهد تركيا أيضا بتنفيذ بعض الأمور المطلوبة منها من قبل الاتحاد، ولكنها لا تنفذها بحذافيرها. وباختصار فإن الجانبين يماطلان بعضهما بعضا في هذا الصدد، وكلا الجانبين يدركان أن هذه القضية ستطول إلى فترة زمنية غير معروفة رغم أنه يتم تحديدها من قبل البعض بـ10 أعوام أو 15 عاما.

سياسة باتجاهين

وصلت الحكومة التركية الراهنة إلى السلطة بعد الانتخابات التي جرت في الثالث من نوفمبر/ تشرين الثاني 2002 ويقودها حزب العدالة والتنمية الذي يتزعمه رجب طيب أردوغان الذي يعد من الشباب الذين برزوا على يد زعيم حزب الرفاه السابق نجم الدين أربكان. ويتم وصف هذه الحكومة بذات الميول الإسلامية، لكنها ترفض قبول هذه الصفة وتفضل استخدام الوصف الديمقراطي المحافظ.

وتقوم هذه الحكومة بممارسة سياسة خارجية ذات اتجاهين، فمن جهة تسعى لتحقيق قبول عضوية تركيا في الاتحاد الأوروبي، بالإضافة إلى سعيها الدءوب للحفاظ على علاقات جيدة مع الولايات المتحدة الأميركية رغم النكسات التي حدثت في العلاقات الثنائية معها خلال فترة رفض البرلمان التركي الموافقة على المذكرة التي كانت تسمح باستخدام الجيش الأميركي الأراضي التركية للعبور إلى العراق وكذلك بسبب العلاقة مع إسرائيل، ومن جهة أخرى تعمل جاهدة في توثيق وتعزيز العلاقات مع الدول العربية والإسلامية.

وتؤكد هذه الحكومة أنها تعمل من أجل تحقيق الحوار بين الحضارات بدلا من الصراع بينها وأنها تبذل الجهود لجعل تركيا الدولة الوسيطة، وتؤكد وجوب حل المشاكل بين الغرب والشرق عن طريق الحوار وبالطرق السلمية.

ولكن هناك حالة صعبة تواجه هذه الحكومة، حيث إن الأرضية الشعبية التي تستند عليها قد لا تكون راضية عن بعض مواقفها إزاء الغرب وأوروبا، وذلك خاصة فيما يتعلق بمواقف هذه الدول إزاء القضية القبرصية والأوضاع الأمنية الناجمة عن الأعمال الإرهابية التي تستهدف تركيا عبر شمال العراق والأحداث التي تقع في فلسطين.

ولهذا السبب تقوم الحكومة بتحقيق التوازن بين موقفها إزاء الغرب وإزاء القضايا الوطنية التي قد تتسبب في فقدانها لنسبة من الأصوات في حال تخليها عنها. ومن هذا المنطلق يمكن القول إن هذه الحكومة تبذل الجهد من أجل تحقيق الاحتفاظ بشعبيتها من جهة، وبالدعم الذي قد تحتاج إليه من أوروبا والغرب في مواصلة سياساتها في هذه المنطقة الحساسة التي تشهد تطورات مثيرة لا يمكن التكهن بها من جهة أخرى.

وفي الختام يمكن القول إن أي حكومة قد تأتي للحكم في تركيا لا يمكنها أن تتخلى تماما عن الغرب وأوروبا مثلما لا يمكنها التخلي عن الشرق والإسلام. ويجب عدم نسيان أن تركيا رغم كونها دولة علمانية قريبة بهذا الطابع من الغرب، فإنها في نفس الوقت دولة إسلامية ورثت إحدى كبرى الإمبراطوريات التي حكمت هذه البقاع لفترة طويلة ويتعين عليها أن تدرك المسؤوليات التاريخية والثقافية التي تقع على عاتقها إزاء المنطقة التي تتواجد فيها وإزاء العالم برمته.

تركيا والعالم الإسلامي... ملعب أردوغان الرئيسي

لا يمكن فهم توجهات الجمهورية التركية في علاقاتها مع العالم الإسلامي بـشكل عام منذ أسسها الزعيم مصطفى كمال أتاتورك عام 1923 دون التطرق لصلتها بالإسلام نفسه، وكذلك لأزمة الهوية التي يعد الدين الإسلامي الـذي تعتنقـه أغلبيـة المـواطنين جزءا منها، لاسيما بسبب العلاقة الخاصة لتركيا مع الغرب وحضارته.

قطع العلاقة

أوجد تبني الخلافة في الدولة العثمانية نوعا من السلطة الدينية على المـسلمين في أنحاء العالم، وذلك رغم أن هذا الأمر لم يصاحبه أسلمه حقيقية لنظام الحكم الـذي استند في تسيير أحوال المـسلمين إلى مـزيج مـن قواعد الـشريعة والقـوانين العلمانيـة المستقاة من الغرب خاصة في السنوات الأخيرة من عمر الدولة العثمانية.

وبغض النظر عن تدين الحكم العثماني فإن مفهـوم الخلافـة بحد ذاتـه فـرض نوعا من العلاقة الوثيقة بين مركز هذا الحكم في إسطنبول والعالم الإسلامي، كما وضع تركيا قرونا عدة في موقع القيادة للمسلمين وإن كان كثير منهم ممن كانوا

105

رعايا للدولة الممتدة الأطراف لم يروا في السلاطين وحاشيتهم وحكام الولايات ومفردات النظام بشكل عام ما يعكس الروح الحقيقية للإسلام.

وبعد هزيمة العثمانيين في الحرب العالمية الأولى، قاد مصطفى كمال (أتاتورك) ما سمي بحرب التحرير التي انتهت كما هو معروف بإلغاء الخلافة وإعلان تركيا الجمهورية بحدودها الحالية، لكن هذه المتغيرات الحادة صاحبتها رؤية جديدة للعلاقة مع المسلمين في العالم، وهي رؤية توجزها كلمة أتاتورك لتسويغ قرار إلغاء الخلافة أمام المجلس الوطني الكبير الذي شكله في أنقرة ليكون بديلا عن البرلمان في إسطنبول، فهو في تلك الكلمة رأى العالم الإسلامي متخلفا ورجعيا وقال "أليس من أجل الخلافة والإسلام ورجال الدين قاتل القرويون الأتراك وماتوا طيلة خمسة قرون؟ لقد آن الأوان لتنظر تركيا إلى مصالحها وتتجاهل الهنود والعرب وتنقذ نفسها من تزعم الدول الإسلامية."

وحتى وفاته عام 1938 كان نهج أتاتورك النفي المطلق للآخر الإسلامي، ومحاربة الهوية الإسلامية لتركيا في الداخل والخارج واستبدال القومية كرابط بين الأتراك بها وفرض العلمانية التي لا تعني فصل الدين على الدولة كما يحدث في الغرب ولكن سيطرة الدولة على الدين ما جعلها علمانية متطرفة متوحشة حسب رأي الكثير من الباحثين والمفكرين.

وفي ظل هذا الفكر والرؤى السياسية لم يكن متوقعا تطور العلاقة مع العالم الإسلامي إلا في إطار مصالح الغرب أو برعاية أميركية بمعنى أدق، كما حدث فيما يتصل بتشكيل حلف بغداد في حقبة الخمسينيات. كما أن الولايات المتحدة لعبت دورا في إبعاد تركيا عن العالم الإسلامي بربطها بحلف الأطلنطي، وإدخالها على خط المواجهة مع الاتحاد السوفياتي وتشجيع الاتجاه التغريبي للنخبة الكمالية التي حكمت البلاد لعشرات السنين.

لكن تحولا سياسيا مهما حصل بعد حوإلنصف قرن من ولادة الجمهورية، تمثل ذلك في تأسيس حزب النظام الوطني على يد نجم الدين أربكان الذي تحول فيما بعد إلى أبو الأحزاب الإسلامية في تركيا، وقد المح برنامج الحزب إلى ضرورة التقارب مع العالم الإسلامي بل وضع سقفا عاليا لهذا التقارب عندما وصل إلى السلطة بعد ذلك.

العودة إلى الجذور

وصل أربكان إلى السلطة في تركيا عبر حزبه الرفاه في انتخابات العام 1995 محققا سابقة تاريخية وإن كان مضطرا للائتلاف مع قوة علمانية هي حزب الطريق القويم بزعامة تانسو تشلر، وفي نحو عام واحد قضاها هذا الحزب في الحكم بزعامة أربكان قبل أن يطاح به برهن هذا الحزب على أن طبيعته الإسلامية

107

كانت مؤشرا أساسيا لسياسته الخارجية واهتمامه الخاص بتطوير العلاقات مع العالم الإسلامي بطريقة مثلت بشكل من الأشكال انقلابا وإن كان محدودا وقصيرا زمنيا على مبادئ أتاتورك وأفكاره الذي انتهي بانقلاب مضاد من الجيش.

لقد اعتبر هذا الحزب الإسلام الرابطة الأولى بين الأتراك وانطلقت مبادئه من فكرة القومية الإسلامية ورفض التغريب، ودعا إلى عودة تركيا لجذورها الإسلامية والاتجاه نحو العالم الإسلامي كمحيط طبيعي لتركيا ومعرضة فكرة انضمامه للاتحاد الأوروبي.

والحقيقة أن زعيم الحزب نجم الدين أربكان كان قد عبر خلال الحملة الانتخابية عن طموحات كبيرة في اتجاه تطوير العلاقة مع العالم الإسلامي سعى بالفعل خلال توليه رئاسة الوزراء إلى تنفيذها، ومن ذلك:

- إقامة منظمة الأمم المتحدة الإسلامية.
- إقامة منظمة التعاون الدفاعي المشترك للدول الإسلامية أو ما وصفه البعض بـ"الناتو الإسلامي"
- إقامة منظمة التعاون الثقافي للدول الإسلامية.
- إقامة سوق اقتصادية مشتركة للدول الإسلامية ووحدة نقدية بينها بتعميم الدينار الإسلامي.

- إقامة صندوق نقد إسلامي.

خلال نحو عام من الحكم نجح أربكان في تطوير علاقات تركيا بالعالم الإسلامي وأسس مجموعة الثماني الاقتصادية التي تضم ثماني دول إسلامية كان عدد سكانها حينذاك 800 مليون شخص، وهي تركيا وإيران ومصر وإندونيسيا وماليزيا وباكستان وبنغلاديش ونيجيريا، وقام بزيارتين لإيران وليبيا أثارتا مزيدا من الجدل لكنه في الوقت ذاته أعطى معنى مناقضا بقبوله اتفاقية الاتحاد الجمركي مع الاتحاد الأوربي، وموافقته على اتفاق التعاون العسكري التركي مع إسرائيل ومد عمل القوات الأجنبية في شمال العراق انطلاقا من قاعدة إنجيرلك.

وقد فسرت مواقفه المتناقضة بعدم قدرته على فرض كامل إرادته بسبب ائتلافه مع حزب علماني، وكذلك سعيه لعدم استفزاز الجيش الذي كان مؤثرا في صنع السياسة الخارجية للبلاد من خلال السيطرة على مجلس الأمن القومي أعلى هيئة حاكمة في الدولة فعليا.

وطوال المرحلة التي تلت الانقلاب على حزب الرفاه وحتى مجيء حزب العدالة والتنمية إلى السلطة إثر انتخابات الثالث من نوفمبر/ تشرين الثاني 2002 عادت توجهات تركيا نحو العالم الإسلامي إلسابق عهدها حيث العلاقات المحدودة والسعي إلى الاندماج في الغرب ممثلا في الاتحاد الأوروبي وكان قرار

الاتحاد عام 1999 باعتبار تركيا مرشحا لعضويته بمثابة فتح باب كبير للأمـل لدى النخبة العلمانية في إكمال عملية التغريب التي بدأها أتاتورك.

المنطقة الوسطى

تختلف تجربة حزب العدالة والتنمية عن حـزب الرفـاه، فـالأول يثـير توصيفه الالتباس، حيث إنه ينفي عن نفسه صـفة الإسلامي أو الـديني بشـكل قاطع ويؤكد احترامه الكامل للنظام العلماني الذي يكرس الفصل الحاد للدولـة عـن الـدين، غير أن هناك عاملين يشيران إلى علاقة لا يمكن نفيها بالتيـار الإسلامي، الأول أنه خـرج مـن عباءة حزب الرفاه الإسلامي ثم وريثه الفضيلة، والعامل الثـاني أن معظـم قيـادات الحزب وكوادره الوسيطة لها تاريخ معروف كناشطين في حزب الرفاه مثل زعيمه رئيس الوزراء رجب طيب أردوغان ونائبه في رئاسة الحزب والحكومة عبد اللـه غول ورئيس البرلمان بولنت أرنج.

والحقيقة أن الحزب يمثل توليفة أيديولوجية جدية تمـزج بـين الإسلام الروحي والعلمانية السياسية وربما يكون توصيف غول للحزب بأنه يشبه الأحزاب الديمقراطية المسيحية في أوروبا صحيحا أيضا ، وهو فضلا عـن أن قاعدتـه الأساسـية مـن المتـدينين الأتراك بين المسلمين السنة تحديدا فإنه يضم تيارات أخرى ليبراليـة ويمينيـة وإن كان الإسلاميون القدامى يهيمنون عليه.

وقد كان الحزب حذرا للغاية في برنامجه الانتخابي في الجانب المتعلق بالسياسة الخارجية حيث يقول "يتبع حزبنا سياسة خارجية تتسم بالواقعية وتتسق مع تاريخ تركيا وموقعها الجغرافي خالية من الأفكار المسبقة والتعسفية على أن تقوم على مبدأ المصالح المتبادلة."

وجاء في البرنامج أيضا "سيعيد الحزب تعريف أولويات السياسة الخارجية في مواجهة الحقائق الإقليمية والدولية المتغيرة وسيخلق توازنا جديدا بين هذه الحقائق والمصالح الوطنية" وعندما نتأمل هذه الكلام نجد فيه إشارات إلى تغيير في التعامل مع العالم الإسلامي خاصة الحديث عن الأفكار المسبقة والتعسفية.

وبالقطع فإنه عندما نتأمل التطبيق نجد أن هناك تغييرا في التعامل مع العالم الإسلامي منذ تولي حزب العدالة والتنمية السلطة، هذا التغيير يضع الحزب في منطقة وسط بين أفكار ومبادئ التيار الإسلامي الأربكاني التقليدي وأنصار العقيدة الكمالية التي تجمع بين القومية المتشددة والعلمانية المتطرفة.

وقد احتفظت الحكومة بالمبدأ الأساسي الذي طرحه أتاتورك وهو السعي للاندماج في الغرب باعتباره ملاذ تركيا من التخلف والفقر، وفي هذه النقطة بالذات نشير إلى أن حزب العدالة والتنمية اعتبر نيل تركيا عضوية الاتحاد الأوروبي

111

مشروعه الرئيسي، ومن هنا قاد عملية إصلاح غير مسبوقة في تاريخ البلاد غيرت شكل الحياة السياسية.

غير أن فترة حكم الحزب شهدت في الوقت نفسه تقاربا لافتا مع العالم الإسلامي لا يلغيه الرغبة في الاندماج في الغرب، لكن جوهر هذا التقارب هو المصالح التركية خاصة في ما يتصل بالعلاقات الاقتصادية التي شكلت أولوية للحزب وحكومته، لكن كان هناك تقارب سياسي أيضا، وهنا نشير إلى أن النظرية الحاكمة للسياسة الخارجية التركية هي تلك التي طرحها البروفيسور أحمد داود أوغلو كبير مستشاري أردوغان للشؤون الخارجية والتي تقوم على فكرة أن تركيا جزء فعلىأو حاضر معنويا في دوائر جغرافية عدة مثل أوروبا والشرق الأوسط وآسيا الوسطى والبلقان، وأنه ليس هناك تناقض في تفاعلها مع كل هذه الدوائر، وقد رأت حكومة أردوغان أن عضوية حلف الناتو لا تتعارض مع دور تركيا في إطار منظمة المؤتمر الإسلامي.

الجسر الحضاري

أحدث حزب العدالة والتنمية تحولا نسبيا في علاقات تركيا بالعالم الإسلامي منذ توليه الحكم عام 2002، وهو تحول قد لا يكون جذريا كما أراد أربكان أن

يفعل لكنه أيضا مختلف عما أراد له العلمانيون من مسافة بعيدة مع العالم الإسلامي، ويمكن رصد أبرز ملامح هذا التحول بالتالي:

اولا : نشطت تركيا بالفعل دورها في منظمة المؤتمر الإسلامي وتمكنت من نيل منصب السكرتير العام للمنظمة في يونيو/ حزيران 2004 الذي فاز به البروفيسور أكمل الدين إحسان أوغلو وهو تركي من أم مصرية يتحدث العربية بطلاقة، وذلك في الانتخابات التي جرت لأول مرة على هذا المنصب في اجتماعات دول المنظمة على مستوى وزراء الخارجية في إسطنبول في تطور تاريخي.

ثانيا : شاركت تركيا في ترؤس مبادرة الشرق الأوسط الموسع الأميركية الأصل مع كل من إيطاليا واليمن التي أقرتها مجموعة دول الثماني الكبرى عام 2005 وهذه المبادرة كما هو معروف تستهدف إجراء إصلاحات في دول العالم الإسلامي، وهنا نشير إلى أن المطالبة بهذه الإصلاحات كان مبدأ متكررا في الخطاب السياسي للحكومة التركية وتلازم مع انتقادات للأنظمة في الدول الإسلامية، وقد استضافت تركيا العديد من المؤتمرات في إطار المشروع.

ثالثا :سعت الحكومة إلنفي الصورة الأربكانية لدول العالم الإسلامي، وعلى سبيل المثال رفض أردوغان فكرة السوق الإسلامية المشتركة أثناء زيارة

قام بها للسعودية عام 2005 معتبرا أنه لا يمكن أن يكون التعاون الاقتصادي على أساس ديني.

رابعا: في المقابل وصفت بعض توجهات تركيا تجاه العالم الإسلامي في بعض المواقف بأنها تنم عن أفكار دينية قديمة شبيهة بأيديولوجية التيار الأربكاني المحافظ مثل الإدانة القوية لاغتيال زعيمي حركة حماس الدكتور عبد العزيز الرنتيسي والشيخ احمد ياسين عام 2005 واستقبال الحكومة التركية لوفد الحركة بزعامة خالد مشعل رئيس المكتب السياسي لها في فبراير/ شباط 2006.

خامسا: الفكرة الرئيسة التي طرحتها حكومة أردوغان وحزبه هو أن تركيا يمكن أن تكون بمثابة جسر بين الغرب والعالم الإسلامي، وهي فكرة روجها رئيس الوزراء اليساري الأسبق بولنت أجاويد بعد أحداث الحادي عشر من سبتمبر/ أيلول 2001.

والحق أن معظم العزف كان على هذه الفكرة، حيث سعت حكومة أردوغان لتسويقها للطرفين الغرب والعالم الإسلامي في مناسبات عدة ومثلت أساسا للخطاب الحكومي في إطار المساعي الرامية لنيل عضوية الاتحاد الأوروبي.

وعندما اندلعت أزمة الرسوم المسيئة للرسول الكريم صلى الله عليه وسلم التي نشرت في الدانمارك نهاية 2005 وتفاعلت بعد ذلك بشهور عرضت الحكومة

114

التركية الوساطة لإنهائها، غير أن أحدا لم يلتفت لهـذا العـرض، وهنـا نـشير إلى تشكك أطراف في الغرب والعالم الإسلامي في حيثية فكرة الجـسر الحـضاري التـي يـصر عليه حزب العدالة والتنمية وحكومته.

ولعل أهم ما نخلص إليه بهذا الشأن هـو الـترابط بـين التفـاعلات الداخليـة في تركيا والعلاقات مع العالم الإسلامي، وباستثناء مبادرات محدودة فإن العالم الإسلامي لم يبذل مجهودا كبيرا لجذب تركيا إليه، وكان قربه أو بعده محصلة لإرادة الطرف التركي، وهذا التحليل لا يشمل تعامل بعض الدول الإسلامية مع تركيا دون الأخذ في الحـسبان الإطار الإسلامي للعلاقة، فسوريا عنـدما اقتربـت في الـسنوات الأخـيرة كـان مـدخلها ومحركها المصلحة الوطنية، ونفس الأمر بالنـسبة لـبعض دول آسيا الوسـطى، وفي كـل الأحوال تبقى تركيا دولة ذات وضع خاص في العالم الإسلامي، ويبدو هـذا الوضـع غـير قابل للتغيير إذا لم يأت هذا التغيير من داخل تركيا نفسها وهو أمر يبدو مـستبعدا في المستقبل المنظور

تركيا بقيادة أردوغان وأيران الفارسية... مصالح، أصدقاء، أعداء؟

تتبنى السياسات الإقليمية للدول على عدة ركائز معروفة مثل: التحالفات الدولية والموقع الجغرافي والإمكانات البشرية والاقتصادية، ولا تقتصر على ذلك فقط، إذ تلعب الروابط التاريخية دورها في رسم سياسات الدول، كما أن "مسألة الهوية" وهي مدركات الدولة لنفسها في مواجهة محيطها الجغرافي، تعد من أهم العوامل في رسم السياسة الإقليمية للدول.

تغريب الهوية

لا يمكن حساب "مسألة الهوية" بالطرق الاعتيادية المتبعة في قياس قوة الاقتصاد ومدى ارتباطه بالاقتصاد العالمي أو نسبة الصادرات إلى الواردات وغير ذلك من المعايير الثابتة، كما لا يمكن حساب "الهوية" بالطرق الإحصائية التقليدية المعتمدة عند إجراء الإحصاءات السكانية، إذ إن "الهوية" في أحد وجوهها هي مجموعة القيم السائدة لدى النظام السياسي ونخبته الحاكمة، ومن الطبيعي أن تختلف مدركات هذه "الهوية" من حزب إلى آخر ومن فصيل سياسي إلى غيره من الفصائل، وهذا الاختلاف يقود إلى اعتماد البرنامج السياسي للأحزاب الحاكمة على رؤى بعينها في القضايا المختلفة ومنها طبعا السياسات الداخلية والإقليمية والخارجية.

117

ولما كانت هذه الحقيقة تبدو ثابتة في إدارة العلاقات الدولية ورسم السياسات المختلفة للدول، يمكن تقدير أنها لا تنطبق على الحالة التركية فقط، بل تلخص أحـد أهم العوامل على الإطلاق في توجيه ورسـم سياساتها الإقليميـة، ويبلغ هـذا التحليـل ذروة كفايته التفسيرية عندما ينظر المرء إلى الواقع الجغرافي لتركيا ومقارنته بسياساتها الإقليميـة منـذ قيـام "الجمهوريـة التركيـة" في العـام 1923، فتركيـا الواقعـة بنسبة تطاول 97.5% من جغرافيتها في آسيا تتوجه بسياساتها نحو أوروبا، بشكل ذهب علما على السياسة التركية.

وإدراك المؤسسة العسكرية التركية، المسيطرة تاريخيا علـى مقاليـد السياسة التركية لهويتها يتطابق مع التوجه الأوروبي العـام لتركيـا، ولا تمنـع هـذه القاعدة مـن فترات تاريخية قصيرة نسبيا اختلف إدراك الحكومـات التركية لهويتها عـن العـسكر، وتتمثل هذه الفترات في مدة حكم الرئيس التركي المعتدل الراحل تورجوت أوزال الذي اعتنق "العثمانية الجديدة" الممتدة من البحر الإدرياتيكي إلى الـصين واستثمار وجود الشعوب التركية على امتداد هذه المنطقة الجغرافيـة، وتأسيـسا علـى رغبـة أوزال تـم تبني مؤتمر رؤساء الدول الناطقة بالتركية عـام 1992، والتي صارت مـن وقتها ركنـا ملحوظا من أركان السياسة الإقليمية التركية. كمـا مثلت فتـرة حكم حزب الرفاه الإسلامي بقيادة الزعيم التاريخي للإسلام السياسي التركي نجم الدين أربكان في الفترة من 1996 وحتى 1997، وكذلك فترة حكم حزب العدالة

والتنمية ذي التوجه الإسلامي من العام 2002 وحتى الآن، استثناء من حكم العلمانيين التقليدي.

وأسهم الإدراك المتميز نسبيا للإسلاميين الأتراك لهوية أوروبا الشرق أوسطية في توجيه السياسات الإقليمية لتركيا بشكل مختلف بعض الشيء خاصة لجهة التعامل مع الجوار الإسلامي، ولكن دون أن يفلح هذا "الإدراك الإسلامي" في الوصول إلى منتهاه الإقليمي. ومرد ذلك هيمنة المؤسسة العسكرية على الدولة التركية من ناحية، وأيضا بسبب وعي الإسلاميين الأتراك بالمحاذير الدولية لهكذا توجه، وليس آخرا أيضا بسبب الاختلافات الفكرية والعملية في معسكر الإسلاميين أنفسهم (أربكان ومجموعته وأردوعان ومجموعته).

التوجه نحو الشرق

وحدها الظروف التاريخية التى ترافقت مع تأسيس الجمهورية التركية على يد مصطفى كمال آتاتورك (أبوالأتراك) تستطيع تقديم تفسير معقول للواقع التركي السياسى الراهن، وإرهاصات هذه الظروف ظهرت في فترة تفكك الدولة العلية العثمانية، وما أعقبها مباشرة من فرض اتفاقية سيفر عام 1920، تلك المعاهدة التي ارتأت قيام دولة للأرمن في شرق تركيا وحكم ذاتي بصلاحيات

واسعة للأكراد جنوبي الأناضول، في ظل احتلال اليونان وفرنسا وإنجلترا لكامل الغرب التركي.

وجاءت الفرصة التاريخية المتمثلة في الجمهورية الكمالية واتفاقية لـوزان عـام 1923، التي ألغت عمليا اتفاقية سيفر وثبتت الجمهورية التركيـة في حـدودها الحـالية. ومـن يومها وبفضل اللحظة التاريخيـة التـي سـبقت ورافقـت قيـام الجمهوريـة تم إعـلان الجيش رديفا للدولة التركية وحارسا على مكتسباتها ووصيا عـلى نظامهـا السياسي، في حين ترسخت العلمانية هدفا أعلى للدولة التركية لا يمكن المساس به، بحيث تتطوع له أي اعتبارات قد تتصادم معه.

ولأن كـان الالتحـاق بأوروبـا حلمـا راود السـاسة الأتـراك المـرتبطين بالمؤسسـة العسكرية منذ تأسيس الجمهورية وحتى اليوم، فـإن الأفكـار الإسلامية التركيـة بـرسم سياسة إقليمية مغايرة نسبيا لم تستطع كبح هذا التوجه أو حتى تعديله.

وأربكان نفسه صاحب مبادئ الانتماء إلى العالم الإسلامي وأفكار "الأمم المتحدة الإسلامية" و"منظمة التعاون الدفاعي المشترك للـدول الإسلامية" و"السوق الإسلامية المشتركة" و"عملة النقد الإسلامية المشتركة"، لم يستطع بسبب تركيبـة الدولـة التركية وموازين القوى فيها أن ينفذ اقتراحاته أو حتى بعضا منها ولا أن يرسم سياسة إقليمية جديدة لتركيا دون سقفها الدولي الأميركي. لم يكن "نجم الدين

بك"، الأكثر راديكالية من حزب العدالة والتنمية، بعيدا عن "المصالح التركية العليا" التي عرف أربكان تشابكاتها وألوان طيفها وخطوطها الحمراء والخضراء، إذ كان أربكان مؤيدا للتدخل التركي في شمال جزيرة قبرص وغاضا بصره عن التدخل في شمال العراق، وعاجزا عن أى تغيير أو تعديل فى تحالف المؤسسة العسكرية التركية مع إسرائيل.

لم يعن التوجه العارم نحو الغرب أن تتجاهل تركيا مصالحها في المنطقة، ولا أن تكون لها تحالفاتها مع دولها، ولكن الشرق الأوسط لم يكن مركز الدائرة الاعتيادية التي تدور عليها السياسات الإقليمية التركية، ومنذ تعثر مفاوضات الانضمام إلى الاتحاد الأوروبي بسبب خشية أوروبا من "هوية تركيا الإسلامية"، والتغييرات الإستراتيجية عميقة الأثر في تركيا بوصول حزب العدالة والتنمية إلى السلطة 2002، وفي المنطقة منذ حرب احتلال العراق عام 2003، أصبح الانخراط التركي في الإقليم ضرورة مصيرية للحفاظ على مصالح الدولة التركية، ولا تستثنى حكومة حزب العدالة والتنمية من انخراطها في مصالح الدولة التركية، مثلها مثل أربكان، ولكنها ذهبت أبعد من أربكان في براغماتيتها وتحالفاتها الدولية.

راح أردوغان يكسر إشارات السير الأربكانية ويتعداها بخطوات واسعة، فبرع في إرسال إشاراته قبل وبعد الانتخابات ليس فقط إلى المؤسسة العسكرية في الداخل ولكن أيضا إلى الأطراف الدولية في الخارج. فالولايات المتحدة يملك معها

أردوغان وعبد الله غول علاقات قوية، وهو ما اعتبر رسالة فكت المؤسسة العسكرية شفرتها. ويعود الترحيب الأميركي بأردوغان وحزبه في أحد أسبابه إلى دور "الوسيط الحضاري" بين الشرق الإسلامي والغرب والمناط بحزب العدالة والتنمية، الذي لم يطرح -ناهيك عن قدرته على ذلك- تعريفا جديدا أو تغييرا في المصالح الوطنية التركية، إذ إن هذه الأخيرة حسب قواعد اللعب التركية تقع في دائرة اختصاص المؤسسة العسكرية.

يمكن القول اختصارا إن مدركات الهوية هي أهم محددات توجيه السياسات الإقليمية، وإن أحزاب الإسلام السياسي التركي، على اختلاف توجهاتها، أفلحت في تطعيم السياسة الإقليمية التركية ببعض المحسنات الإسلامية وبالتإلىالتوجهات الشرق أوسطية، ولكن دون أن تستطيع إجراء تغييرات قوية على الأفكار المؤسسة للسياسة التركية الإقليمية، وذلك بسبب هيمنة العسكر على الدولة التركية.

التعامل مع النفوذ الايراني

بالترافق مع تراوح الأفكار المؤسسة للسياسة الإقليمية التركية بين التغرب والعلمانية من ناحية والتوجه نحو العالم الإسلامي من ناحية أخرى، بوتائر مختلفة وبسقف موزون بموازين القوى الدولية، طوال العشرين عاما الماضية، كان الطموح الإقليمي الإيراني يراكم النفوذ في الشرق الأوسط.

وازدادت هذه الطموحات زخما بعد احتلال القوات الأميركية للعراق، الأمر الذي شكل تهديدا للأمن القومي التركي وثبت النفوذ الإيراني في العراق كما لم يحدث من قبل. ولأن جار تركيا الجديد في العراق هو الولايات المتحدة الأميركية، ترتب على ذلك بالضرورة فقدان تركيا لدور الوكيل لأول مرة منذ عصر الحرب الباردة، فضلا عن قدرة التهديد بالمبادأة وهي من المحددات الأساسية للأوزان الإستراتيجية والإقليمية.

وفي حين تقود إيران تحالفا إقليميا يشمل السلطة الحاكمة في بغداد والنظام السياسي في سوريا وحزب الله في لبنان، لا تملك تركيا تحالفا كهذا وتحتفظ بعلاقات ثنائية جيدة مع الدول العربية الرئيسة مثل مصر والسعودية، ولكن دون أن ترقى هذه العلاقات إلى مستوى التحالف الإقليمي.

ولعب تمدد الأكراد في شمال العراق دور العازل لنفاذ تركيا إلى العراق وعزلها عن التفاعل مع التطورات الجارية هناك، ما أفسح المجال لطهران أن تشارك واشنطن في تقرير مصير العراق، أما الجمهورية التركية فلها ارتباطات أخرى تاريخية بالعراق خاصة بالتركمان في شماله، ولكن حلفاء تركيا من التركمان لا يرقون من حيث العدد أو الإمكانات إلى مستوى الأكراد، ناهيك عن شبكة التحالفات الإقليمية والدولية.

وهكذا ففى مقابل معسكر إقليمي تقوده إيران ويشمل الأحزاب الكردية والشيعية في العراق، لا تبدو مروحة التحالفات التركية دائرة إلا على اختيارات محدودة من التركمان أولا، ومن الأحزاب السنية العراقية ثانيا.

ويفتح التطور الجاري على أرض العراق الطريق أمام تعاون عربي- تركي لموازنة النفوذ الإيراني في العراق، خاصة في ظل التركيبة الصراعية للحراك السياسي هناك، وبسبب عدم قدرة أي من الطرفين العربي أو التركي على حسم المواجهة مع إيران بمفرده.

وزاد في طنبور الاختلال في التوازنات الإقليمية أن إيران راحت تطور وتتمسك ببرنامجها النووي، ما دفع أنقره إلى إعادة النظر في "حيادها النووي"، ولم تغب عن أذهان صناع السياسة في تركيا، علمانيين وإسلاميين، دروس التاريخ التي تمتد بعمق يزيد عن 500 عام. فقد كان التاريخ شاهدا على الصراع بين المشروعين الصفوي الإيراني من جهة والعثماني التركي من جهة أخرى، إذ مثل الشاه عباس الصفوي ذروة المشروع الأول والسلطان مراد الثالث قمة المشروع الثاني. ولتجذير التناقض بين المشروعين ولتثبيت هوية معادية للسلطنة العثمانية، عمد السلطان إسماعيل الصفوي إلى إعلان تشيع إيران في القرن السادس عشر لتجذير تنافسها الإقليمي مع تركيا بالروافد المذهبية.

وكان أن اتخذت العلاقات بين البلدين أشكالا دراماتيكية حين قامت الحروب المتعاقبة بين الدولتين في القرون اللاحقة، وأبرمت المعاهدات لتثبيت حدود البلدين واعتراف كل منهما بالآخر حاميا لأحد المذاهب الإسلامية (إيران للشيعة والسلطنة العثمانية للسنة) وهو الأمر الذي تم تثبيته في معاهدات بين البلدين مثل معاهدة زهاب الموقعة عام 1639.

صحيح أن البوصلة الأساسية للسياسة التركية توجهت دوماً نحو الغرب، ولكن مماطلة الاتحاد الأوروبي في قبول تركيا عضوا به ووضع العراقيل أمام انضمامها، يجبر صناع السياسة في أنقرة على ترتيب الأولويات الجغرافية لتركيا متعددة الإطلالات والمواهب الجغرافية، ووضع الشرق الأوسط في مقدمها. ويقضي التصور الحاكم للشرق الأوسط في المخيلة الإستراتيجية التركية، بعلمانييها وإسلامييها، بأن أنقره تستطيع ترجمة نفوذها الإقليمي في الشرق الأوسط إلى نفوذ إضافي يضغط على الاتحاد الأوروبي ويغازل طموحاته ومصالحه في المنطقة.

ومع العدوان الإسرائيلي الأخير على لبنان يبدو أن الولايات المتحدة الأميركية الراغبة في تغيير النظام الإيراني تبدأ معركتها مع طهران من جنوب لبنان كمحطة أولى. ولأن واشنطن -تحت حكم المحافظين الجدد- تدير أزماتها بالحروب العسكرية (أفغانستان والعراق ولبنان)، فإنها وبوطأة آلتها العسكرية تتسبب في تغييرات عميقة بتوازنات القوى الإقليمية المختلفة، وهو أمر يبدو

مرشحا للتكرار باستهدافها لإيران وتحالفها الإقليمي الـذي أفلـست واشـنطن
سياسيا أمامه.

ومن شأن استهداف كهـذا أن يعيـد الاعتبـار لأهميـة تركيا الإسـتراتيجية لـدى
الولايات المتحدة الأميركية، ودفعها بمنطق الأمور إلى مـلء الفـراغ الإقليمـي بتـشجيع
أميركي ودولي وترحيـب عـربي، ربمـا يكـون مناسبا الآن للدولة التركيـة، بعلمانييها
وإسلامييها، لا أن تتذكر هويتها الإسلامية فقط، بل "سنيتها المذهبية" أيضا، تلك التـي
سترسي عليها سياساتها الإقليمية الجديدة في منطقة مضطربة، أسـهم التخبط الأميركي
أولا والطموح الإقليمي الإيراني ثانيا في تأجيج صراعاتها واستقطابها على محور الـصراع
السني-الشيعي للأسف .

إسرائيل وتركيا.. عندما يتخاصم حليفان

في إسرائيل يوجد كثيرون ممن يعتبرون أنفسهم أصدقاء لتركيا.. دبلوماسيون وسياسيون وعسكريون سابقون ورجال أعمال وأكاديميون وغيرهم.. أحدهم يعتبر نفسه صديقا لرئيس الوزراء التركي، رجب طيب أردوغان، وهو داني جيلرمان، الـذي لا يتردد في القول إنه يؤيد أن يصبح أردوغان «السلطان العثماني العصري، الـذي يقود العالمين العربي والإسلامي». وجيلرمان ليس بمواطن عادي في إسرائيل. هو رجل أعمال كبير، صديق شخصي للرئيس الإسرائيلي شيمعون بيريس، ومن «رجـال المهـام الخاصـة» الذين يحملهم قادة الحكم رسائل سرية إلى مختلف أنحاء البسيطة.

ولكن أبرز وظيفة قام بها جيلرمان كانت في الأمم المتحدة، حيث عينـه بـيريس مندوبا دائما لإسرائيل لـديها، وبقـي في منصبه خمـس سنوات (2003 - 2008). هـو يروي أنه تعرف على أردوغان قبل عشر سنوات، أي قبل أن يصبح رئيسا للوزراء، وأنـه التقى الرجل عدة مرات، في إحداها كان موضوع اللقاء الخلاف بينه وبين بيريس. ففي حينه، بعد الحرب العدوانية على قطاع غزة، التقى أردوغان وبيريس في ندوة سياسية في دافوس على هامش المؤتمر الاقتصادي العالمي. وعنـدما كـان بـيريس يتكلم عـن «إرهاب حماس»، غادر أردوغان المسرح وهـو يهاجمه ويهـاجم السياسة الإسرائيلية العدوانية. تسبب الأمر في تدهور جديد

127

في العلاقات بين البلدين. لكن جيلرمان تمكن من تسوية هذا الخلاف بالذات بين الرجلين وضمن أن يلتقيا في ما بعد ويتصافحا.

عندما ينظر جيلرمان اليوم إلى المشهد الإسرائيلي مع تركيا، ويرى كيف يتصرف قادة حكومته بتلك العنجهية والغرور والغطرسة، ويرفضون الإقدام على خطوة واحدة إيجابية تجاه تركيا، على الأقل لوقف مسيرة تدهور العلاقات بين البلدين، وكيف يتورطون من يوم لآخر في المساس بهذه العلاقات، يحزن ويستهجن: «كلمة واحدة في السياسة يمكن أن تكون مصيرية في علاقات بين بلدين. في بعض الأحيان، يمكن لهذه الكلمة أن تجر الدول إلى حروب»، يقول.

الكلمة التي يقصدها جيلرمان هي الاعتذار الإسرائيلي لتركيا عن مقتل تسعة مواطنين أتراك، كانوا على متن سفينة «مرمرة» ضمن أسطول الحرية الأول، عندما هاجمته قوات سلاح البحرية الإسرائيلية في شهر مايو (أيار) 2010. فتركيا تطلب من إسرائيل أن تعتذر عن هذه الجريمة وتدفع التعويضات لعائلات الضحايا حتى تعيد العلاقات معها إلى طبيعتها، بينما إسرائيل ترفض الاعتذار وتقول إنها مستعدة للإعراب عن الأسف فقط وأن تدفع التعويضات بشرط أن لا تكون هناك دعاوى قضائية ضدها.

على أثر هذا الموقف، ردت تركيا بتخفيض مستوى العلاقات الدبلوماسية إلى الدرجة الثالثة، بحيث أصبح الرجل الأول في السفارتين (التركية في تل أبيب والإسرائيلية في أنقرة) هو السكرتير الثالث. وتم وقف التعاون العسكري وصفقات بيع السلاح. وقالت تركيا إنها تنوي اتخاذ المزيد من الخطوات، بينها خطوات عسكرية مثل: زيادة وجود سفن سلاح البحرية التركي في البحر الأبيض المتوسط، ومرافقة سفن التضامن مع غزة بسفن حربية تركية، وشطب بند في حواسيب سلاح الجو التركي، يتعامل مع الطيران الإسرائيلي كطيران صديق، مما يعني أنه في حال أي خطأ من الطرفين ينشأ خطر إسقاط طائرة، وهكذا. ويتلبك الإسرائيليون كثيرا في هذا الوضع ويدور بينهم نقاش حاد حول كيفية تدهور العلاقات، وإذا ما كان سببه صراع الكرامات بين ديكين خصمين ركب كل منهما رأسه (رئيس الوزراء الإسرائيلي بنيامين نتنياهو، ونظيره التركي أردوغان)، أم هو مسلسل أخطاء إسرائيلي انجر إليه نتنياهو وراء وزير خارجيته المتغطرس الفظ أفيغدور ليبرمان، ولم يكن أمام أردوغان إلا أن يرد عليه؟ أم هو مسلسل خطوات مدروسة من أردوغان أراد فيها التدهور في العلاقات مع إسرائيل حتى يكسب العرب فانجر نتنياهو وراءه كالماعز وحقق له مراده؟ ويتساءلون أيضا، إن كانت القضية فعلا قضية خلافات بين البلدين أم إنها مجرد تكتيكات تخدم لكل طرف هدفا استراتيجيا؟

في إسرائيل ينظرون بشك كبير إلى أردوغان منذ اعتلائه الحكم للمرة الأولى في سنة 2003. لكن المؤرخين الإسرائيليين والمحللين السياسيين كانوا يدحضون هذا الشك ويطالبون بتحجيمه، باعتبار أن تركيا أقامت علاقات جيدة مع اليهود منذ زمن الإمبراطورية العثمانية؛ فهم يذكرون بالخير، كيف استقبل الأتراك اليهود الذين طردوا من الأندلس، جنبا إلى جنب مع العرب، فحموهم وفتحوا لهم باب العمل في الصناعات وفي التجارة وسلموهم مهام في الحكم، ثم يذكرون استمرار هذه المعاملة في العصر الحديث، عندما استقبل الأتراك بالأحضان اليهود الهاربين من التعسف الأوروبي، خصوصا مطاردات النازية لليهود ومحاولة إبادتهم.. فلم يرفضوا أي يهودي يلجأ إليهم.

ويذكرون أنه عندما قامت إسرائيل في أواسط سنة 1948، كانت تركيا أول دولة إسلامية تعترف بها، وفي السنة التالية كانت أول دولة إسلامية تقيم علاقات دبلوماسية معها. ومع أن العلاقات أخذت تبرد مع استمرار الحروب الإسرائيلية (1958 و1967 و1982)، إلا أنها عادت لتسخن في سنة 1992. فقد بدأت إسرائيل تبحث مع تركيا إقامة «نهر السلام»، وتقصد استيراد الماء من تركيا في مشروع ضخم عبر البحر المتوسط. وقد تعثر هذا المشروع بسبب اتساع معارضة الخبراء الإسرائيليين له، إلا أن مشاريع أخرى بين البلدين بدأت تبحث في عدة مستويات، تبعتها زيارات متبادلة للرؤساء وقادة الحكومتين. وفي سنة 1997 وقع

البلدان اتفاقا للتجارة الحرة. وبحلول سنة 2007، كان حجم التبادل التجاري بينهما بقيمة 3 مليارات دولار.

فقد بدأت إسرائيل تستورد السيارات المصنوعة في تركيا (من شركات سيارات أوروبية تقيم فروعا ومصانع في البلدات التركية) ومنتجات النسيج والجلد والمواد الخام للبناء والفواكه المجففة وغيرها. وصدرت إسرائيل إلى تركيا ما تنتجه من كيماويات وأجهزة ري وخبرات وأجهزة في عالم الاتصالات والتكنولوجيا العالية. وسافر نصف مليون إسرائيلي إلى تركيا للسياحة، يشكلون ما يعادل 2% من السياح الجانب.

بيد أن المجال الأكبر للتعاون بين البلدين، تطور في الاتجاه العسكري؛ فإسرائيل تبيع لتركيا أسلحة وتقدم خدمات تطوير وتحديث للدبابات والطائرات التركية بما يعادل 600 مليون دولار في السنة. ومنذ عام 2001 تقيمان علاقات تحالف عسكري، حيث إنهما يجريان تدريبات عسكرية ثنائية مشتركة، وتشترك إسرائيل في المناورات التي تجريها تركية مع حلف شمال الأطلسي مرة كل سنتين، وهي مناورات ضخمة أرسل الإسرائيليون إليها طائرات «إف16» المقاتلة. وسمحت تركيا لإسرائيل أن تجري تدريبات سلاحها الجوي فوق الأراضي التركية، وتحديدا في منطقة أنطاليا ومناطق أخرى شرقي تركيا بمحاذاة الحدود مع

إيران وسوريا والعراق. وتحت شعار مكافحة الإرهاب، أقيمت علاقات تعاون خاصة بين أجهزة المخابرات في الطرفين.

عندما فاز حزب «الرفاه» بالحكم في تركيا، خشيت القيادات الإسرائيلية من تدهور في العلاقات، ولكن هذا الحزب تبنى سياسة سابقيه في العلاقات معها وواصل تطويرها. وقد عزا الإسرائيليون هذا الموقف إلى نفوذ الجيش التركي الكبير في السلطة؛ بيد أنه مع عودة التيار الإسلامي، بقيادة حزب العدالة والتنمية وبرئاسة وزراء رجب طيب أردوغان، في سنة 2006، لم تتردد إسرائيل في تجربة حظها معه بشكل إيجابي من بداية الطريق. وبادرت إلى إعلان نوايا طيبة تجاهه.

وكان من أهم هذه البوادر قيام اللوبي الإسرائيلي في الولايات المتحدة «إيباك» بإقناع أعضاء الكونغرس الأميركي بالتنازل عن مشروع للاعتراف بأن الأرمن تعرضوا لمذبحة تركية إبان الحرب العالمية الأولى. وحسب مصادر أجنبية، فإن «الموساد» (جهاز المخابرات الإسرائيلية الخارجية)، أدى دورا مهما في إلقاء المخابرات التركية القبض على رئيس حزب العمال الكردي، عبد الله أوجلان، لتكون تلك بداية القضاء على تمرد الأكراد. وحسب صحيفة «صنداي تايمز»، فإن «الموساد» يدير قاعدة له شرقي تركيا لرصد الأوضاع في إيران والعراق وسوريا.

وقد تجاوب أردوغان مع إسرائيل وواصل التعاون معها في جميع المجالات، إلا أن بصمات حزبه بدأت تظهر على سياسته الخارجية وتزعج الإسرائيليين. وكانت الإشارة الأولى في سنة 2006، بعد أسابيع من اعتقال أوجلان في كينيا، حيث استقبل أردوغان بحفاوة قائد حماس، خالد مشعل في أنقرة. وكانت الإشارة الثانية بتعميق العلاقات الودية مع سوريا، التي تعتبرها إسرائيل عنصرا أساسيا في ما يسمى «محور الشر».

بيد أن التأثير السلبي لهذه النشاطات كان يخفت في كل مرة تبادر فيها تركيا إلى خطوات إيجابية تجاه إسرائيل؛ فاشترت طائرات من دون طيار من صنع إسرائيلي، وبادرت إلى وساطة في مفاوضات السلام بين إسرائيل وسوريا، وواصلت التنسيق الاستراتيجي والعسكري، حتى في ما يسمى مكافحة الإرهاب.. ويقال، حسب مصادر أجنبية، إن إسرائيل استخدمت الأراضي التركية لدى قصفها المفاعل النووي السوري في دير الزور قبل نحو أربع سنوات. ومع أن تركيا تنفي ذلك بشكل قاطع، إلا أن وجود طائرات سلاح الجو الإسرائيلي المتواصل في تركيا، يشير إلى إمكانات واسعة للإفادة منه ولو في رصد ما يجري في سوريا.

واستمرت هذه العلاقات، إلى أن انفجرت المفاوضات السورية - الإسرائيلية في نهاية العام الماضي؛ ففي حينه رتب أردوغان محادثة هاتفية بين رئيس الوزراء الإسرائيلي إيهود أولمرت، والرئيس السوري بشار الأسد. وكان من

133

المفترض أن يرد أولمرت على اقتراحات الأسد الواقعية حول السلام، إلا أن أولمرت طلب العودة إلى بلاده للتشاور. ولم يعط ردا. ثم فاجأ تركيا بالحرب العدوانية على قطاع غزة. وقد خرج أردوغان بسلسلة هجمات كلامية على السياسة الإسرائيلية، فوصف ممارساتها بأنها جرائم حرب بشعة ضد الإنسانية. وراحت العلاقات تتدهور بسرعة شديدة، وتم إلغاء المشاركة الإسرائيلية في التدريبات المشتركة. وألغيت صفقة لشراء قمر صناعي تجسسي إسرائيلي.

وعرض مسلسل يظهر جنود إسرائيل، قتلة أطفال فلسطينيين، بدم بارد. وقد ردت إسرائيل بطريقة فظة عليه، حيث إن نائب وزير الخارجية، داني أيالون تعمد إهانة السفير التركي في تل أبيب، بدعوته إلى مكتبه في الكنيست وأجلسه على كرسي منخفض ومنع موظفيه من إدخال الماء أو التضييفات. فعاد السفير إلى بلاده ولم يرجع. وردت تركيا بإطلاق أسطول الحرية لفك الحصار عن قطاع غزة وردت إسرائيل بالهجوم الدموي.

صديق أردوغان في تل أبيب داني جيلرمان، يقول إن القضية بين تركيا وإسرائيل ليست قضية اعتذار فحسب؛ بل أعمق من ذلك بكثير. ومع هذا، فإنه يرى أن بإمكان إسرائيل أن تجد لها مكانا في المخطط الاستراتيجي التركي، لو أنها تحسن التصرف التكتيكي. ويؤكد أن مسألة الاعتذار هذه كان قد وجد حل ممتاز لها، لكن الحكومة الإسرائيلية قد أجهضته. ويروي المحلل السياسي ناحوم

بارنياع، قصة هذا الحل الممتاز، فيقول إن طاقما إسرائيليا - تركيا شُكل خصيصا لتسوية المشكلة بمشاركة يوسي تشاخينوفار، المستشار القضائي الأسبق لوزارة الدفاع الإسرائيلية، وأزدام سنبراك، المدير العام الأسبق لوزارة الخارجية التركية، وفريدون سينير لوغلو، نائب وزير الخارجية المقرب من أردوغان، الذي كان قد شغل منصب سفير سابق في تل أبيب. وقد توصل الطاقم إلى صيغة جيدة لإنهاء الملف تقول إن «إسرائيل تعتذر عن بعض الأخطاء التي ارتكبت خلال السيطرة على (مرمرة) في العملية التي قتل فيها تسعة مواطنين أتراك».

ويضيف بارنياع أن اعتذارا كهذا سبق أن ورد في تقارير إسرائيلية علنية، أبرزها التقرير الذي أصدره الجنرال غيورا آيلاند، الرئيس الأسبق لمجلس الأمن القومي الإسرائيلي، وهو أول من حقق في إخفاقات الهجوم على «مرمرة»، وورد في تقرير «لجنة تيركل»، وهي لجنة التحقيق الإسرائيلية في هذا الهجوم. ويقول بارنياع إن مندوب إسرائيل في الطاقم المذكور، تشاخينوفار، صعق عندما فهم أن هناك من يعترض على هذه الصيغة (بالأساس نائب رئيس الحكومة وزير الشؤون الاستراتيجية موشيه يعلون، ونائب رئيس الحكومة وزير الخارجية أفيغدور ليبرمان)، خصوصا أن الحجة التي تذرعا بها بدت له هوسا جنونيا، إذ قالا: «لا يمكن الاعتماد على الأتراك. فالاعتذار لن يؤدي إلى تحسين العلاقات وسيجدون حجة أخرى يتذرعون بها للمساس بنا». فأجابهما قائلا: «قد يكون ما تقولان

صحيحا، ولكن تعالوا نجري الحساب الصحيح: ما الخطر من تصديق الأتراك وما الخطر من عدم تصديقهم؟ أين نخسر أكثر؟». وأوضح لهما أن اتفاقه مع الأتراك يضمن حماية الجنود والضباط الإسرائيليين من دعاوى في القضاء الدولي ضدهم، والتراجع عن الاتفاق يفتح الباب على مصراعيه لهذه القضايا. لكنهما لم يقتنعا.

وقد حاول نتنياهو أن يغير رأي يعلون بطريقة دفعه شخصيا إلى الأتراك لاستيضاح الأمور معهم مباشرة، فأرسله إلى لقائهم، كما أرسل وزير الجبهة الداخلية للجيش، متان فلنائي، في المهمة نفسها، ولكن النتيجة كانت أن عادا بانطباعين مختلفين؛ يعلون عاد مقتنعا أكثر بأن الأتراك لا ينوون تسوية العلاقات، وفلنائي عاد مقتنعا أكثر بأن الأتراك يريدون تسوية العلاقات. وعاد الموضوع إلى طاولة نتنياهو، فكان قراره رفض الاعتذار. لماذا؟ يقول الكثيرون لأن لديه حسابات أخرى؛ داخلية، لا علاقة لها بتركيا؛ فقد خشي من أن ينسحب ليبرمان من الحكومة... هكذا على الأقل قال للأميركيين عندما طلبوا منه أن يعتذر وينهي هذا الملف. فهم لا يريدون أن يروا حليفيهما متصارعين على هذا النحو. وقد اجتمع الأميركيون مع ليبرمان وحاولوا إقناعه، فأجابهم بأنه لن يوافق على اعتذار، ولكنه وعد بأن لا ينسحب من الحكومة بسبب هذه القضية. بيد أن وعده لم يغير موقف نتنياهو، فقد يكون ليبرمان صادقا، ولكنه في الانتخابات المقبلة سيستغل القضية ضده وقد يخسر عندها كرسيين أو ثلاثة في الكنيست لصالح ليبرمان.

هنا، جاء الموقف الإسرائيلي الحائر في تفسير ما جرى. وقد استطلعنا آراء أربعة خبراء إسرائيليين بارزين في هذه العلاقات ومع سياسي واحد، فوجدنا تفسيراتهم مختلفة تؤكد هذه الحيرة بشكل واضح. يقول الجنرال المتقاعد يعقوب عميدرور، الباحث في معهد القدس لقضايا الجمهور والدولة، إن المطالبين في إسرائيل بعمل كل شيء في سبيل إعادة العلاقات بين إسرائيل وتركيا إلى سابق عهدها محقون، ولكن محاولاتهم غير مجدية، ويضيف: «علينا أن نصارح أنفسنا ونقول الحقيقة، وهي أن تركيا لم تعد حليفا استراتيجيا لنا؛ فما يجري في تركيا ليس صدفة ولا عابرا، ولا ينجم عن خطأ أو إهمال إسرائيلي لهذه العلاقة، بل لا يمت بصلة إلى سياسة إسرائيل وممارساتها في غزة.. إنه تغير استراتيجي، فقد تكون الحرب في غزة حافزا، لكنها ليست الأساس.. تركيا تشهد تغيرات جوهرية في سياستها ونظام حكمها في أعقاب تصاعد نفوذ التيار الإسلامي فيها. وفي الواقع أن هذه الحالة لا تقتصر على تركيا. فالعالم الإسلامي كله يشهد تصعيدا كهذا، وبشكل خاص في الشرق الأوسط».

ونعود إلى جيلرمان، صديق أردوغان؛ فهو يعتقد أن القيادة الإسرائيلية لا تفهم شخصية أردوغان ولا تبني مواقفها منه على أساس علمي ومهني، ويضيف: «أردوغان ليس كما يصفونه هنا بأنه معاد لليهود ولإسرائيل ويريد أن يبني مجده على أكتاف إسرائيل.. فالرجل لم يخطط لهذا الأمر على هذا النحو، بل بالعكس؛

فقد كان يرغب في أن تستمر العلاقات مع إسرائيل على أفضل وجه، حتى يطمئن الغرب لأجندته الشخصية والسياسية». ويقول المسؤول الإسرائيلي إن «أردوغان شخصية ذكية جدا ويعرف ما يريد الوصول إليه. إنه يريد فعلا إعلاء شأن الاسم المعتدل ويريد أن يعيد مجد الإمبراطورية العثمانية، التي تقود العالمين العربي والإسلامي، تحت قيادته. لقد حاول أن يحتل مكانة في الغرب كجزء من الاتحاد الأوروبي ولكنهم رفضوه ونبذوه هناك. وحاول أن يكون شريكا مع الولايات المتحدة في تسوية الصراعات في الشرق الأوسط، فأفشلت مخططاته (إسرائيل أفشلت المفاوضات مع سوريا وتفشل حاليا المفاوضات مع الفلسطينيين) وإدارة أوباما تظهر ضعفا شديدا في التعامل مع إسرائيل. فقرر اللجوء إلى الشرق. يريد أن يكون زعيما عالميا لدول الشرق».

ويؤكد جيلرمان أن هدف أردوغان هذا لا يضر بإسرائيل، بل بالعكس فقد يكون فرصة لإسرائيل: «فأنت تتحدث عن دولة إسلامية علمانية، تؤمن بحرية الأديان، وتمارس الديمقراطية وتتطور اقتصاديا بشكل سليم، ويوجد فيها أساس متين من التعاون مع إسرائيل؛ عسكريا وسياسيا وأمنيا واقتصاديا.. وتتحدث عن دولة، وجودها في رأس العالم الإسلامي يضعك في خندق واحد معها ضد إيران المتطرفة. ووجودها في قيادة العالم العربي يمنحك فرصة للتقدم في عملية سلام محمية بتحالف مع المعتدلين ضد المتطرفين». ويرى جيلرمان أن مصلحة إسرائيل

138

أن تنهي الخلاف فورا مع تركيا وتحافظ على ما تبقى من علاقات لمنع التدهور أكثر وأن تجد طريقة لإعادة العلاقات إلى سابق عهدها وتقويتها والانسجام في مخطط أردوغان.

في خريف عام 2011 نشرت الأمم المتحدة تقريراً يبرأ أسرائيل من إعتدائها المخزي على سفينة الحرية مما دفع تركيا بقيادة طيب اردوغان الى مجموعة من القرارات الإستراتيجية المهمة التي ستؤثر على طبيعة العلاقة بين الكيان الصهيوني وتركيا.

في الواقع، لم يكن رد الفعل التركي بعد نشر تقرير الأمم المتحدة حول الحادث سوى صبغ تجميد العلاقات بين البلدين بالطابع الرسمي، فتركيا سبق وقد سحبت سفيرها في تل أبيب بعد الهجوم على أسطول الحرية كما علقت اتفاقيات التعاون العسكري بين البلدين والذي كان قد تراجع بالفعل في الآونة الأخيرة.

وكان من الممكن أن تحدث هذه المقاطعة بين البلدين بشكل أسرع ولكن الرئيس الأمريكي باراك أوباما حث الطرفان،وكلاهما يعد حليفا استراتيجيا لواشنطن، على التهدئة وتقديم تنازلات.

وسعى دبلوماسيون كبار خلال هذه الفترة إلى الوصول إلى صياغة قد تبدو اعتذارا من إسرائيل ولكنها لا ترقى في الوقت ذاته إلى صيغة الاعتذار الرسمي.

وقد تأجل الإعلان عن التقرير النهائي للجنة التحقيقات التابعة للأمم المتحدة ثلاث مرات لمنح الوقت الكافي لإجراء محادثات بين البلدين قد تؤدي إلى اتفاق.

ويعزى عدم التوصل لاتفاق إلى السياسة الداخلية في البلدين، فعلى الجانب الإسرائيلي رفض المتشددون داخل الحكومة تقديم أي اعتذار رسمي، أما في تركيا فقد واصل رئيس الوزراء رجب طيب اردوغان توجيه انتقاداته إلى تل أبيب.

فاردوغان ينتمي إلى دائرة محافظة ذات مرجعية إسلامية تتعاطف بالطبع مع الشعب الفلسطيني واستخدام لهجة قوية تجاه إسرائيل يلاقي رواجا بين مؤيديه.

وكان من الصعب على اردوغان أن يقدم أية تنازلات أو يتوصل إلى حل وسط لا يرضي السياسيين الأتراك الغاضبين من السياسات الإسرائيلية.

ولكن تركيا لم تقطع علاقاتها تماما كما يتصور البعض ويمكن أن تعيد إحياء هذه العلاقات في الوقت المناسب ومن المتوقع أن تكون هناك ضغوطا دولية لهذا الغرض وذلك نظرا للاضطرابات التي تشهدها دول المنطقة.

في العام الماضي، ألمح دبلوماسيون أتراك إلى أن بلادهم لم تعد بحاجة إلى إسرائيل مثلما كان الوضع في السابق، وقامت تركيا ببناء علاقات قوية وتحسين علاقاتها مع دول الجوار في إيران والعراق وسورية وكانت دول العالم الإسلامي تنظر بعين الحسد إلى نجاحات تركيا السياسية والاقتصادية بل وأصبح أردوغان بطلا في الشارع العربي بسبب تصريحاته تجاه إسرائيل.

ولكن كل هذه الحسابات قد تغيرت مع بدء الانتفاضات الشعبية في العالم العربي. فقد انهارت علاقة تركيا بنظام الأسد في سورية وقد تجد تركيا أنها يجب أن تتغاضى في نهاية المطاف عن تصريحاتها العدائية تجاه إسرائيل الذي لطالما تفاخرت به نظرا لتغير المشهد السياسي بين دول المنطقة.

ويعني إنهاء التعاون العسكري بين إسرائيل وتركيا أن الأخيرة ستضطر للبحث في أماكن أخرى عن المعدات العسكرية، ففي الماضي وقعت وزارة الدفاع التركية عقودا كبيرة مع شركات إسرائيلية لتطوير قدرات الجيش التركي لتطوير طائراته أمريكية الصنع ودباباته.

وتلقت تركيا العام الماضي عشر طائرات إسرائيلية من طراز هيرون استخدمها الجيش التركي في قصف المتمردين الأكراد على طول الحدود مع العراق.

أما بالنسبة لإسرائيل، فقطع العلاقات التي تراجعت خلال السنوات الماضية يعني أيضا أن القوات الاسرائيلية لن تقوم بإجراء تدريبات في تركيا.

وتزامنا مع التوتر في العلاقات بين تركيا وإسرائيل ظهرت بعض المفارقات، ففي الوقت الذي تأثر قطاع السياحة شهدت حركة التجارة بين البلدين استقرارا وزادت بنسبة 26 في المائة في النصف الاول من هذا العام.

عندما بدأت العلاقة تركيا وإسرائيل في الفتور لم تكن فقط الولايات المتحدة هي التي تضغط من أجل التقريب بينهما. فقد حثت سورية التي تعد أحد أعداء إسرائيل اللدودين أنقرة على رأب الصدع مع تل أبيب وهو الطلب الذي لن يتكرر مجددا نظرا لتراجع العلاقات بين سورية وتركيا.

ولكن على كل حال ظهرت أهمية فائدة المحور التركي الإسرائيلي في المنطقة وبخاصة لصالح دول عربية أخرى، ولكن هذا المحور تضرر بشدة الآن ولكن ليس إلى درجة العجز عن إصلاحه.

أردوغان والجيران العرب

شكلت الثورة العربية الكبرى التي أعلنها الشريف حسين عام 1916 فراقا بين الأتراك والعرب، حدث ذلك بعد أكثر من خمسة قرون جمعهما خلالها الحكم العثماني والخلافة الإسلامية ، كان طلاقا بائنا منح القوميين الأتراك فرصة توجيه الاتهامات بالخيانة إلى العرب بسبب تعاونهم مع الإنجليز ضد العثمانيين، كما شكل فرصة جيدة لباني جمهورية تركيا الحديثة مصطفى كمال أتاتورك من أجل تحقيق حلمه في إنشاء دولة قومية علمانية غربية الطباع والتوجه.

الانفصال عن الجوار العربي

خلال الحرب التي قادها أتاتورك لتحرير تركيا من احتلال دول الحلفاء بعد الحرب العالمية الأولى رفض الزعيم التركي مساعدة ودعم وفود دول بلاد الشام التي زارته وعرضت عليه توحيد قواها من أجل رفع الاحتلال عن تركيا وبلاد الشام معا، وأصر حينها وقبل أن ينشئ الجمهورية الجديدة ويضع أسس العلمانية فيها، على فصل المسارات، لان طموحاته ومشاريعه المستقبلية المتجهة إلى الغرب رغم حربه معه لم يكن فيها مكان للعرب المسلمين أو للشرق عموما.

كان أتاتورك من أشد المؤيدين لوجوب طلاق الجامع والسياسة على غرار ما حدث في أوروبا من طلاق بين الكنيسة و الحكم، وكان يؤمن بأنه قادر على أن

143

يطوع الشعب التركي لتقبل هذه الأفكار، لكنه كان يرى انه ليس لدى العرب القدرة على التكيف مع ما يريد أن يطرح فكان لا بد من الانفصال، الانفصال عن الجوار العربي الإسلامي، والتاريخ العثماني وتقاليد تلك الحقبة، وساعده في ذلك تغيير الحروف العربية إلى لاتينية، ومنذ ذلك الحين –أي منذ قيام الجمهورية التركية الحديثة- كان العرب المسلمون يجسدون في نظر الزمرة الحاكمة في تركيا قيم التخلف والرجعية التي لا بد من التخلص منها، ومنذ ذلك الحين أيضا ارتبطت في أذهان الكماليين صورة سيئة نمطية عن العرب والمسلمين.

ومن هنا يمكن الربط بين توجهات الأحزاب السياسية في تركيا وعلاقتها مع العالم العربي، فكلما كان توجه الحزب إسلاميا كان أقرب إلى التفاهم مع العالم العربي، و كلما كان توجه الحزب كماليا علمانيا غربيا ، كلما كان العالم العربي ابعد ما يريد أن يراه.

بالإضافة إلى عامل الأفكار و المبادئ الكمالية، فان الجيل الثاني الذي عقب أتاتورك في الحكم وهو جيل عصمت إينونو وعدنان مندريس، سلم نفسه إلى رياح الغرب معتبرا تركيا جزءا لا يتجزأ من الغرب، فانضمت تركيا في عهد عدنان مندريس إلى حلف شمال الأطلسي الناتو 1953 ومن ثم دخلت في حلف بغداد عام 1955، ولعل لمفاوضات اتفاقية لوزان عام 1923 التي قامت على أساسها الجمهورية التركية الحديثة باعتراف غربي أوروبي بعد الحرب العالمية الأولى

وتداعياتها، خلقت إيمانا راسخا لدى القيادة التركية في ذلك الوقت بأن عالما جديدا يتشكل بعد سقوط الدولة العثمانية، وأن تركيا لا يجب أن تكون في هذا العالم إلى جوار الطرف الضعيف الخاسر والمتخلف، أي طرف العالم العربي.

ورغم أن تركيا تعرضت للاحتلال من قبل دول أوروبية فإنها سعت لأن تكون في صف تلك الدول القوية المتقدمة، وهو ما مهد مستقبلا لدخول تركيا حلف الأطلسي وحلف بغداد، بل وحتى الانزلاق في محادثات سرية مع رئيس الوزراء الإسرائيلي بن غوريون عام 1957 حيث زار تركيا سرا والتقى نظيره التركي عدنان مندريس، من أجل بحث ما سمي حينها بخطر المد القومي العربي في المنطقة على تركيا وإسرائيل.

بعد تلك الفترة بدأت تتبلور في العالم استقطابات الحرب الباردة، وفيما سعت عدد من الدول العربية على رأسها مصر لتشكيل منظمة دول عدم الانحياز، وأخرى فضلت تقوية علاقاتها مع الاتحاد السوفياتي مثل سوريا، كانت تركيا قد حسمت خيارها بانضمامها إلى الناتو، فتحولت إلى سد شرقي له ضد المد الشيوعي القادم من الشرق، وبالتإلىزادت عوامل الفرقة بين العرب وتركيا عاملا إضافيا وهو الاستقطاب الدولي بين أميركا والاتحاد السوفياتي في حربهما الباردة والتي كان خلالها جيران تركيا من العرب ميالين أكثر للتعاطف مع الاتحاد السوفياتي

الذي زودهم بالسلاح، في مقابل تركيا التي تحولت في السبعينيات إلى حقل خصب للقواعد العسكرية الأميركية التي انتشرت فيها من شرقها إلى غربها.

علاقات قلقة

في الثمانينيات من القرن الماضي حاول الرئيس توركوت أوزال توطيد العلاقات مع العالم العربي وبالتحديد مع حلفاء أميركا منهم وفي مقدمتهم المملكة العربية السعودية، لكنه فشل حينها بسبب ضعف القوانين التركية التي لم تستطع أن تحمي الاستثمارات السعودية حينها فتبخرت بسبب الفساد الذي كان مستشريا في أجهزة الدولة التركية، وثانيا بسبب رفض القوى العلمانية المساعدات والاستثمارات السعودية التي كانت تأتي جميعها مشروطة ببناء مساجد ومراكز تحفيظ القرآن.

ومن ذلك المثال يبدو لنا أهمية عامل الفكر الكمالالعلماني في تحديد العلاقة مع العالم العربي الإسلامي، إذ إنه

ورغم كون التقارب السعودي التركي في بداية الثمانينيات مصلحة أميركية بالإضافة إلى كونها مصلحة سعودية تركية مشتركة لموازنة المد الإيراني الشيعي الذي بدأ يصدر ثورته إلى المنطقة معلنا أميركا شيطانا أكبر، إلا أن العامل الكمالالعلماني كان أكبر من تلك المصلحة.

وحتى مع تكرار المحاولة في أيامنا هذه بعد زيارة الملك عبد اللـه بن عبد العزيز إلى أنقرة في أغسطس/ آب 2006 لإعادة إحياء ذلك التعاون لموازنة النفوذ الإيراني المتمدد في المنطقة، فإن الأوسـاط السـياسية التركية اشـترطت لأي تعاون أن يكون بهدف المصلحة المشتركة سياسيا وليس بسبب الدين الواحد أو خدمة مـشاريع دينية، ورفضت الدخول في متاهات التوازنات الشيعية السنية في المنطقة وركزت على التعاون من أجل استقرار العراق سياسيا وحل مـشكلة الملـف النووي الإيراني، ونأت بنفسها عن سياسة الأحلاف السنية أو الدينية المطروحة.

وبقيت النظرة في تركيا على هذه الحال، العلمانيون الأتراك ضد أي تعاون مـع الدول العربية على أساس ديني أو لمصلحة دينية والإسلاميون على العكس مـنهم إلى حين وصول حزب الرفاه الإسلامي إلى السلطة حيث تغيرت هذه النظرة وانضم بعـض الإسلاميين إلى التيار العلماني القائل بأنه لا فائدة من التعاون مع العرب طالما بقيت أنظمتهم بعيدة عن الديمقراطية.

وعندما وصل نجم الدين أربكان -الأب الروحي للإسلام السياسي في تركيا- إلى السلطة من خلال ائتلاف حكومي مع السيدة نانسي تشلر زعيمة حـزب الطريـق عـام 1996، راهن في أول ما راهن على العالمين العربي والإسلامي، فخانه طموحـه، وغـدرت به أحلامه، إذ تعمد أربكان أن تكون أول زيارة خارجية له إلى طهران التـي كـان يـرى فيها مكملا وداعما لعالم الإسلام السني، وراح أربكان

إلى ما أبعد من ذلك فشكل مجموعة الدول الصناعية الإسلامية الثمانية -دي 8- على غرار الدول الصناعية الكبرى الثماني، متحديا بذلك النظام العالمي الغربي ومحاولا إخراج تركيا من تحت السيطرة و الهيمنة الأمريكية.

لكن أكثر زيارات أربكان فشلا كانت إلى الدولتين العربيتين اللتين راهن عليهما وهما ليبيا ومصر، ففي ليبيا تعرض أربكان لانتقادات شديدة من قبل الرئيس معمر القذافي الذي انتقد النظام العلماني الجمهوري التركي وتوجهات تركيا الغربية، ثم عاد بعد 8 سنوات على الزيارة ليقول إن الأتراك هم أساس التطرف الإسلامي في العالم كما انتهت زيارة أربكان إلى مصر بقطيعة سياسية غير معلنة بعد أن حاول أربكان أن يتدخل كوسيط في ملف الإخوان المسلمين الذين عرض الرئيس حسني مبارك حينها على أربكان إرسالهم إلى تركيا ليبقوا تحت رعايته هناك من قبيل الاستنكار، بل وحتى المملكة العربية السعودية ربطت دعمها لمشاريع أربكان بتوسيع الدعوة الدينية في تركيا للمذهب الوهابي.

كل ذلك جعل كثيرين ومن بينهم وزير أربكان حينها للشؤون الخارجية السيد عبد الله غول يقتنعون بأن لا فائدة من دعوة العالم العربي للتعاون أو إنشاء مشاريع مشتركة طالما بقيت الأنظمة في الدول العربية تابعة للولايات المتحدة الأميركية، بعيدة عن الديمقراطية وليست سيدة رأيها، وهو الدرس الذي تعلمه الإسلاميون الاصلاحيون -إن جاز التعبير- في تركيا فقامت علاقات حزب العدالة

والتنمية الحاكم برئاسة رجب طيب أردوغان مع الـدول العربيـة عـلى أسـاس المصلحة المشتركة وليس وحدة الدين والعقيدة، ولعل ظروف المنطقة قـد ساعدت في ذلك من خلال إملاء تحديات مـشتركة عـلى المنطقـة كـان أهمهـا المـشروع الأمـيركي المسمى بالشرق الأوسط الموسع الذي بـدأ عمليا بـاحتلال العـراق وتمزيقـه، وهـو مـا جمع المصلحة التركية مع العربية.

المتغير الإسرائيلي

في المقابـل رسـمت العلاقـات التركيـة الإسرائيليـة منحنيـات مختلفـة تـصاعدا وهبوطا حسب الـشروط المحيطـة، فتركيا أول دولة إسلامية اعترفت بإسرائيل عام 1949، لكن علاقاتها بقيت سطحية للغاية، وسحبت تركيا سـفيرها مـن تـل أبيـب في حرب عام 1967، لكن العلاقات عادت عام 1994 مع تحرك عملية السلام في المنطقـة، حتى تطورت بدرجة خطيرة عام 1996 من خلال توقيع 22 اتفاقية عسكرية وسياسية واقتصادية، من أخطرها كان تدريب الطيارين والجنود الإسرائيليين في تركيا، وتحديث المقاتلات والدبابات التركية في إسرائيل، والشاهد أن توقيع تلك الاتفاقيات جاء في عهد حكومة يفترض أنها إسلامية إذ إن على رأسها نجم الدين أربكان، لكن الحاصل أيضا أن تلك المعاهدات كان قد تم الترتيب لها من قبل وصول أربكان إلى السلطة، كما أنه أجبر على توقيعها بعد فشله أمام

البرلمان وشريكه الائتلافي في طرح حليف بديل إسلامي أو عربي بعد فشل زياراته العربية والإسلامية ومشروعه الصناعي الإسلامي الطموح.

وهنا يمكن القول إن إهمال الدول العربية لتركيا قد ساعد -ولم يكن وحده فقط المسؤول- في دفع تركيا باتجاه إسرائيل، فالمنطقة كانت خارجة للتو من حرب باردة وضعت أوزارها، وكان على دول المنطقة -وهو ما تقتضيه الطبيعة السياسية- تشكيل أحلاف إقليمية تعوضها عن أحلافها مع احد القطبين السياسيين، وفيما اختارت اغلب الدول العربية التقارب مع القطب الأميركي وإبقاء العلاقات معه، وجدت تركيا نفسها في فراغ إقليمي محاطة بدول يجمعها معها العداء والخلافات من كل جانب، فكانت المحاولة الأولى من خلال مشروع ترجت أوزال الطموح الذي لم ير النور لإنشاء اتحاد تركي موسع مع دول جمهوريات آسيا التركية التي استقلت عن الاتحاد السوفياتي والغنية بالبترول مع دول البلقان على غرار الاتحاد الأوروبي، لكن حلمه اصطدم أيضا بدكتاتورية الأنظمة التي استلمت الحكم في جمهوريات وسط آسيا.

هنا توجب على تركيا أن تجد بديلا فكانت الهرولة إلى عضوية الاتحاد الأوروبي، ذلك أن تركيا ما تزال تحمل على كتفيها عقدة الإمبراطورية الكبيرة التي لا يمكنها أن تعيش وحدها أو بمفردها دون شركاء أو حلفاء، ومع صد الاتحاد الأوروبي لها، وانصراف العرب والمسلمين عنها، وقعت في مصيدة المخطط

الأميركي الذي كان يسعى لإنشاء حلف إقليمي يجمع تركيا والأردن وإسرائيل على غرار حلف بغداد القديم، لكن تغير الشروط الإقليمية والدولية على عتبة القرن الواحد والعشرين فتحت أمام تركيا أبواب الاتحاد الأوروبي، فأعادت تركيا عندها حساباتها من جديد، وأعادت صياغة علاقاتها مع إسرائيل التي كانت في السابق وسيلة للوصول إلى قلب الإدارة الأميركية، لكنها تحولت الآن إلى منافس في المنطقة بعد أحداث 11 سبتمبر/ أيلول وطرح واشنطن مشروع الشرق الأوسط الكبير ونظرية صدام الحضارات.

والشاهد أن إهمال العرب لتركيا قد دفع بها إلى أحضان إسرائيل، لكن لم يكن للعرب دور في إعادة تقييم تركيا لعلاقتها بتل أبيب بل إن الظروف الدولية وطموح تركيا للعب دور قيادي في المنطقة من خلال مشروع الشرق الأوسط الموسع، ومن خلال علاقاتها مع الاتحاد الأوروبي، هو ما دفعها للعودة بتلك العلاقة عن الشريك الإستراتيجي إلى دولة صديقة.

ولعل العرب قد فقدوا أي تأثير على علاقة أنقرة بتل أبيب بعد تقديمهم مقترح السلام في قمة لبنان عام 2002، فطالما أن السلام مع إسرائيل هو هدف العرب الإستراتيجي، فأن علاقات غيرهم مع إسرائيل لا يجب أن تزعجهم بالمفهوم التركي، كما إن رفض تركيا دخول الحرب على العراق إلى جانب أميركا زاد من شعبيتها في العالم العربي وغير الصورة التقليدية السائدة عنها بأنها ذراع أميركي

في المنطقة، بعد أن استطاعت أنقرة أن تفسح لنفسها هامشا من الحرية بعيدا عن سياسات واشنطن المتبعة في الشرق الأوسط.

على أن سعي تركيا إلى عضوية الاتحاد الأوروبي قد ساعد على التقارب بين تركيا والعرب، فتركيا تقدم نفسها على أنها العنصر الذي سيساعد الاتحاد الأوروبي على أن يتعولم ويعدد ثقافاته ويتحول بعد ذلك إلى قوة سياسية وعسكرية دولية وألا يبقى ناديا اقتصاديا مسيحيا إقليميا، وهذا التقديم هو الذي يزيد من سعر تركيا لدى سياسيي الاتحاد الأوروبي الذين احتاروا في تبرير قبول تركيا كمرشح لعضوية الاتحاد أمام شعوبهم.

وحتى تكون تركيا ذلك العنصر الفاعل فأن عليها أن تكون على علاقة طيبة مع دول الشرق الأوسط خاصة الدول العربية. الغريب أنه على عكس ما اعتادت أن تختلف من أجله الشعوب فإن قضيتي الموصل ولواء الإسكندرون لم تكونا عاملا حسم في تحديد العلاقات بين العرب و تركيا لا سلبا ولا إيجابيا، هكذا فإننا نرى أن صراع العلمانيين والإسلاميين قد أسهم في تحديد العلاقة بين تركيا والعالم العربي، لكن العنصر الأهم هو الديمقراطية و حرية القرار السياسي ، التي كلما زادت عند كلا الطرفين كلما زاد اقترابهما و تعاونهما و العكس بالعكس.

152

أردوغان والثورات العربية... الطريق الى زعامة العرب؟

في بداية عام 2011 قام شاب تونسي بإضرام النار في نفسه إحتجاجاً على الفقر والبطالة وسوء المعاملة، ولكن ما لم يكن يتخيله البوعزيزي انه قام بإضرام النار في المنطقة العربية كاملة.. تونس، مصر، ليبيا، اليمن، سوريا.

مظاهرات عارمة اجتاحت تلك الدول، بلبلة على الصعيد المحلي والدولي فلا أحد تمكن من التخيل ان العملاق العربي سيصحو يوماً ما وأن جبروته سيجبر بن علي للهروب الى السعودية ومبارك للتنحي ومحاكمته علناً وقصف مقر عبدالله صالح وإصابته بحروق بليغة والكشف عن الوجه الحقيقي للسفاح بشار الأسد.. وقتل ملك ملوك أفريقيا معمر القذافي بعد مطاردة استمرت لأشهر ومساعدة من قوات الناتو في العشرين من اكتوبر من نفس العام.

تركيا كما أسلفنا الذكر جار للعرب وقريبة جغرافياً بل ملتصقة بحدود الوطن العربي فما ان قامت تلك الثورات حتى بزغ نجم الأتراك أقوى من ذي قبل، فزعامة المنطقة العربية حلم تركي لم ينسوه منذ قيام الثورة العربية الكبرى.

نريد ان ننوه هنا ان كلمة (زعامة) لا تعني حكم تركيا واحتلالها للمنطقة العربية.. لا فتركيا دولة مسلمة لا تحتل ولا تقتل ولا تجبر نظامها على أحد بل المقصود هنا القيادة السياسية للمنطقة التي هيمنت عليها إسرائيل والقواعد الأمريكية لعقود، فعدم توازن القوى بين الطرف العربي والطرف الأمريكي-الأسرائيلي في الشرق الأوسط خلق طبيعة غير مفهومة من القيادة والإدارة الأمريكية الراعية لإسرائيل في المنطقة, وهذا ما لم يرق لتركيا فهي كما تدعي صاحبة الحق قبل إسرائيل كما أن نظامها الإسلامي (حزب العدالة) هو الأقرب الى قلوب وعقول العرب من الصهاينة المعتدين.

فما أن انطلق الربيع العربي حتى بدأ رجب طيب بزيارات الى الدول (المحررة) لتثبيت خطى الدولة التركية الجديدة التي تحاول الى خلق جسر قوي بينها وبين العرب، وصل اردوغان إلى مصر في سبتمر 2011 في مستهل جولة تشمل ثلاث دول سعيا لأن تصبح بلاده القوة المهيمنة بين على الدول المسلمة في الشرق الأوسط.

كانت زيارته لمصر في البداية لثقلها السياسي في المنطقة وتوجه اردوغان بعد زيارته إلى مصر إلى تونس وليبيا لاظهار دعم تركيا للبلدين بعد الاطاحة بالأنظمة المستبدة التي كانت تحكمها.

154

فأن نظام الحكم القوي والديمقراطي في تركيا ذات الصبغة الإسلامية يجعلها نموذجا للحكومات الجديدة في هذه البلدان الثلاثة.

فإن موقف أردوغان الحازم تجاه إسرائيل يجعله أكثر جاذبية وشعبية بين مواطني الدول العربية المحررة من الدكتاتورية التي دعمت ووقفت الى جانب العدو وخاصة مصر التي ترى في الوقت ذاته أن الولايات المتحدة ورئيسها باراك أوباما فشل في مساعدة الفلسطينيين وانحاز بشكل كامل إلى الإسرائيليين ما أثر على شعبية واشنطن ونفوذها في المنطقة.

كما إن تركيا استفادت من "الربيع العربي" لأن الأوضاع الحالية تمهد لها الطريق لأن تملأ فراغ الزعامة في الوقت الذي أصبحت دول مثل مصر وسورية أضعف مما كانت عليه قبل اندلاع الانتفاضات الشعبية أضف إلى ذلك العراق الذي لم يتعاف حتى الآن بسبب أعمال العنف التي أعقبت سقوط نظام صدام حسين.

غضب شعبي

زيارة اردوغان إلى مصر يمكن تفسيرها على أنها إشارة إلى دعمه للعملية الديمقراطية الناشئة في مصر التي يسودها "غضب شعبي ضد إسرائيل" وفي الوقت ذاته إشارة إلى تضامنه مع القاهرة احتجاجا على مقتل خمسة من أفراد الأمن المصري على يد الإسرائيليين في سيناء في العام نفسه.

النزاع التركي الكردستاني

في أعقاب حرب الخليج زالت سيطرة بغداد عن المنطقة الشمالية التي تقع فوق ما يسمى بخط العرض 36، وهو في الحقيقة خط متعرج تم تحديده من قبل الولايات المتحدة وبريطانيا بشكل يضم مناطق كردية تحت هذا الخط بكثير مثل السليمانية وكفري. أي كان الغرض آنذاك هو رسم المنطقة التي تقطنها كثافة سكانية كردية.

ومنذ ذلك الحين انفردت الأحزاب الكردية وخاصة حزبا الديمقراطي الكردستاني بزعامة مسعود البرزاني، والاتحاد الوطني الكردستاني بزعامة جلال الطالباني بإدارة المنطقة الشمالية. وثارت بينهما منافسة حادة على تقاسم السلطة ووقعت حروب دموية بينهما أدت إلى مصرع الكثيرين من الطرفين وانقسام الشمال إلى منطقتي نفوذ بينهما. ولم تضع هذه الحرب أوزارها إلا بتدخل جدي من الإدارة الأميركية التي قامت باستدعاء الزعيمين إلى واشنطن وأجبرتهما على التفاهم تمهيدا لمخططات مستقبلية.

ومنذ ذلك التاريخ أي منذ عام 1998 بدأت الحركة الكردية بخطوات أسرع وأكثر شمولا لإعمار المنطقة وتشكيل مؤسسات هامة لا بد منها في كل دولة مثل البنك المركزي والجهاز الأمني والعسكري، إلى جانب تصعيد نشاطات الحكومة

157

المحلية، وأخيرا أقدمت على إحياء البرلمان الكردي الذي كانت أعماله قد توقفت بسبب الصراع الداخلي، وتوصل الحزبان الكرديان إلى اتفاق لتوحيد النشاطات وإعداد دستور فدرالي للمنطقة. وفي النهاية انعقد البرلمان الكردي في الرابع من أكتوبر الماضي في مدينة أربيل. هذه النشاطات لم تتم بين عشية وضحاها، بل تدريجيا، وخاصة في السنوات الثلاث الأخيرة. ولكن ما الذي دفع تركيا إلى تصعيد حدة لهجتها إزاء قيام دولة كردية مستقلة في المنطقة إلى درجة التهديد باستخدام القوة واجتياح المنطقة؟.

الحقيقة أن تركيا عارضت بشدة قيام دولة كردية شمالي العراق منذ البداية. والسبب معروف، وهو أنها تخشى من انعكاس هذا الأمر على مواطنيها الأكراد القاطنين في منطقة جنوبي شرقي الأناضول والتهاب النعرة القومية لديهم. وفي حالة وقوع منطقة كركوك المأهولة بأكثرية تركمانية والغنية بالثروة النفطية تحت سيطرة الأكراد فستقوى شوكة هذه الدولة الكردية إلى درجة شروع أكراد تركيا بالمطالبة أولا بالفدرالية ويلي ذلك انفصال المنطقة تماما عن تركيا، وتأسيس دولة كردستان الكبرى التي يحلم بها الزعماء الأكراد مهما نفى البرزاني ذلك.

لا يخفى على احد الصراع التركي الكردي على الحدود العراقية - التركية ولا نستغرب إن هذا الصراع من عقود منصرمة ولكن ما إطفاءه على السطح

158

مؤخرا هو ظروف استجدت ولم تكن سابقا موجودة وقد يكون بعضها سبب لنتائج حصلت مؤخرا على الساحتين التركية والعراقية.

ويبقى إن نشخص أن هذا الصراع هو خلاف قديم بين طرفين هم الدولة التركية والتي تجمع ثلاثة إطراف هم السلطة التنفيذية وقادة الجيش والشعب التركي مستبعد منه أكراد تركيا هذا من جهة ومن جهة أخرى حزب العمال الكردستاني الكردي والذي يمثل جزء من أكراد تركيا لا كل الأكراد هناك ولكن تبقى حالة التعاطف بين أكراد تركيا تؤثر في الدعم المعنوي لا اللوجستي وما دمنا قد صنفنا من هم طرفي النزاع علينا أن نوضح ما الأدوار الحقيقية التي زجت بعدد كبير من الأطراف في هذا الصراع.

جمهورية تركية العلمانية ومنذ أكثر من 100 عام تحولت من دولة إسلامية أسيوية إلى جمهورية علمانية أوربية تحالفت مع اكبر القوى العالمية لضمان بقاءها محاولة الدخول ضم طبقة أسياد العالم من خلال الاتحاد الأوربي ولكن وبعد تزايد المد الإسلامي والذي أوصل ذات الحجاب لتكن وصيفة الرئاسة للدولة الاتاتوركية أصيب العالم بالذهول فبدأ المنظرون للسياسة العالمية التحرك لصنع وإيجاد تحديات أمام الإسلامية التركية الجديدة والتي تحدت القدرة العسكرية التركية وانتصرت عليها مما جعل من التنظير العالمي أن يخلق أزمة أكراد العمال

الكردستاني كتحدي أمام الجمهورية ذات الطابع الفتي فما كان أمامها أما الانتصار أو السقوط والرجوع للسيادة العسكرية العلمانية.

أما دخول أكراد العراق طرف دون غيرهم من الأكراد في إيران وسوريا جاء على اثر الاستحقاقات التي حصل عليها أكراد العراق من قبل التحرير من حكومة البعث وإعلان الفدرالية في شمال العراق والازدهار الاقتصادي والعمراني الذي طرى على محافظاتهم ولكن وكما أسلفنا سابقا أن قرار بإيدن لم يكن مجرد رأي أنما كان امتحان لكل الإطراف العراقية من اجل الكشف عن نواياهم ومن سوء حظ أكراد العراق فقد فشلت قيادتهم في الامتحان على لسان مسعود برزاني وهو الشخص الذي يحلم بإعلان دولة كردية في شمال العراق عكس غريمه امام جلال الذي اقتنع باليقين أن الفدرالية هي أفضل استحقاق للكرد متميزا عن نظيره برزاني بالواقعية الحقيقية فعندما وافق إقليم كردستان على التقسيم شهر أعداه السيف بوجهه فما كان السيف ألا تركيا والتي حذرت أكراد العراق عندما أيدوا التقسيم.

هذا ما اجبر بشار الأسد (قبل اندلاع الثورة ضده) على التوجه إلى طهران وعقد قمة ثنائية من اجل توحيد الرؤيا امام هذا التحدي والذي قد يضر بالمصالح عامة في المنطقة ويجر الأربعة دول التي يقطنها الكرد إلى حرب حكومية - كردية في الداخل من أربعة جهات.

الحكومة العراقية باتت امام مفترق طرق عناصر - بي كي كي - في أقصى الشمال ولا سيطرة لحكومة بغداد عليهم وأكراد العراق يتعاطفون معهم وتركيا تريد القضاء عليهم نهائيا وسكوت من جانب بغداد يعني أن السيادة العراقية في خطر محدق فيجب أن تجد الحلول المناسبة بالتعاون مع الإطراف الدولية.

أما أمريكا هي ألان بين أمرين إما أن تساند تركيا في الهجوم على شمال العراق وهذا يضر بمصالحهما وقد لا تستطيع تركيا ذلك ألا بعد إبادة حتى لبعض أكراد العراق وبنفس الوقت يعني تجاوز على السيادة جمهورية العراق هذا أمر وأما الأخر فالسكوت سوف يشجع تركيا على ما تريد ولكن يجبر العراق على مطالبة الولايات المتحدة بان تمنع الاجتياح لأنه وفق القانون الدولي على الدولة المحتلة حماية الأراضي التي تحت نفوذها.

فإذا الصاع التركي الكردي جاء لنتائج السياسات الأخيرة التي أفرزتها الساحة والخاسر في اندلاعها يعني انهيار إسلامية حكام تركيا إذا ما فشلوا في السيطرة على عناصر العمال والذين سوف يشعلوا نار في انقره أما الخاسر الأخر هم أكراد العراق وينتج عنها تقويض لسيطرتهم في إقليم كردستان مما يرجح كفت الحكومة المركزية ويجعل السطوة تكون لصالح دعاة الفدرالية من الأكراد لا من صالح المنادين بالتقسيم والذي جاء بالويل لمؤيديه.

التوتر والقتال

منذ أشهر وبعد زمن طويل من الهدوء، بدأت تتواتر بيانات لقوات حماية الشعب وهي الجناح العسكري لحزب العمال الكردستاني عن عمليات متفرقة تقوم بها، كان أهمها ما سمته هجوماً صاعقاً وبالأسلحة الثقيلة، ضد نقطة عسكرية تركية في منطقة شرناخ التابعة لولاية ماردين في شمالي كردستان، الأمر الذي أسفر عن مقتل 14 جندياً تركياً وجرح عدد آخر.

وأوضح البيان أن ما حصل رد مشروع على العملية التي قام بها الجيش التركي قبل ذلك وأسفرت عن قتل تسعة مقاتلين أكراد في المنطقة ذاتها، وإن مرت العمليات السابقة بسلام وآثرت الحكومة التركية ضبط النفس والرد بمتابعات ميدانية محدودة ضد المليشيات الكردية.

لكن العملية الأخيرة كانت أشبه بالقشة التي قصمت ظهر البعير حيث لم يبق أمام الرئيس التركي والمشرف على ما يسمى لجنة مكافحة الإرهاب، سوى أن

يدعو إلى عقد اجتماع ضم بعض مسؤولي الحكومة وأركان المؤسسة العسكرية لبحث كيفية الرد ووضع حد لما يقوم به عناصر حزب العمال.

لنقف أمام مشهد يذكرنا بما كان يحدث في عقد الثمانينيات من تسعير للصراع بين الدولة التركية ومقاتلي الحزب، والذي كاد أن يفضي في نهاية المطاف إلى اجتياح عسكري تركي لمناطق حدودية سورية لولا اعتقال زعيم الحزب عبد الله أوجلان وتوقيع اتفاق بين البلدين جوهره التزام كل طرف بمنع أي نشاط معادٍ ضد الآخر ينطلق من أراضيه.

وأيضاً هو الوقت نفسه الذي يتحين فيه الجيش التركي أي فرصة لرد الاعتبار لدوره وتكريس حضوره السياسي في البلاد بعدما منيت القوى الملتفة حوله بإخفاق مشهود في الدفاع عن وصايته على العلمانية وفي نيل وزن أكبر في الانتخابات الأخيرة.

وقد جاءته هذه الفرصة على طبق من ذهب، عندما وضع المقاتلون الأكراد البرلمان التركي أمام واجب لا مجال للالتفاف عليه وهو التصويت على عمليات عسكرية واسعة ضد مواقع حزب العمال في الأراضي العراقية كانت فاتحتها التهديد بملاحقة المقاتلين الأكراد داخل الحدود العراقية، ثم إعلان ثلاث ولايات كردية مناطق عسكرية مغلقة خاضعة لسيطرة قوات الأمن والجيش ومحرمة على

وسائل الإعلام والصحافة، تلتها الحشود الكثيفة على طول جبال كردستان وحدودها مع العراق.

وجاءت أخيراً عمليات التوغل لملاحقة المليشيات الكردية والغارات التي شنت ضد بعض القرى الكردية الحدودية بحجة لجوء المتمردين إليها واعتمادهم عليها كقاعدة للانطلاق في عملياتهم ضد القوات التركية.

إن تعذر تعليل زمن هذه الاندفاعة في الصراع الكردي التركي، وصعوبة تقديم إجابة شافية عن ضرورة اختيار هذا الوقت بالذات، يثير المزيد من الأسئلة عن غرض حزب العمال من فتح جبهة الحرب مرة أخرى من الحدود العراقية، وهو الذي التزم سنوات ومن طرف واحد بوقف إطلاق النار.

هل ثمة خطة جديدة لديه أم أن الأمر مجرد خبطات ثأرية لا تضع في اعتبارها منحى أو هدفا؟ أم يتعلق السبب بتوافقات خفية مع قوى إقليمية أو عالمية غرضها إحراج أكراد العراق وتجد في تعسير هذا الصراع ما يحقق لها بعض أهدافها؟ أم هناك حاجة ذاتية إلى تأكيد الوجود وربما كرفض طفولي لنتائج الانتخابات التركية التي وضعت عملياً القضية الكردية على سكة الحل السياسي وربما كشكل من أشكال الرد الانفعالي على حالة من العجز عن اتباع الوسائل السلمية والنضالات المدنية لتعزيز الحضور ونيل ثقة الشارع، وما يعنيه ذلك من

رفض ضمني لاحتمال أن ينجح حزب العدالة والتنمية في تخفيف معاناة الشعب الكردي وكسب مستوى أعلى من تعاطفه، خاصة أن مرشحي حزب المجتمع الديمقراطي -وهو حليف حزب العمال الكردستاني- قد أخفقوا في منافسة مرشحي حزب العدالة والتنمية في المناطق الكردية للفوز بالمقاعد البرلمانية المخصصة لها.

وبالتالي ليس غريباً تفسير ما يحصل على الجبهة التركية الكردية بأنه تناغم بين رغبتي حزب العمال والجيش التركي على التصعيد، فثمة مصلحة مشتركة لكليهما في الهروب إلى الأمام وتسعير الصراع ربما إلى حد الانفجار، على أمل أن يتمكن كل منهما من معالجة أزمته المزمنة وقد ازدادت تفاقماً بعدما كرست الانتخابات الأخيرة فوز حزب العدالة بأغلبية مقاعد البرلمان، وهو الطرف القادر عبر سياساته الوسطية على سحب البساط من تحت أقدامهما.

من دون شك تتحمل السلطات التركية مسؤولية مزدوجة تجاه استمرار المشكلة الكردية وتجاه ما يجري، مرة بإصرارها المزمن على تجاهل خصوصية الوضع القومي في الجبال وإهمال مطالب الشعب الكردي وحقوقه المشروعة خاصة أن تعداد الأكراد صار يتعدى 15 مليوناً، ما انعكس إحباطا سياسياً واحتقاناً اجتماعياً في صفوفهم، ومرة بتكرار اللجوء إلى الخيار العسكري لمعالجة التوترات الحاصلة.

165

لكن ثمة مسؤولية أيضاً تقع على عاتق حـزب العمال وبخاصـة مـا يـشاع عـن عودته إلى أسلوب الكفاح المسلح كطريق رئيسي لتحصيل الحقوق، وما يعنيه ذلك من احتمال طي نتائج المراجعة النقدية التي أجراها قبـل وبعد اعتقـال زعيمـه أوجـلان، والتي كرست قبوله بمبدأ الحكم الـذاتي في إطـار الدولـة التركيـة واعتبـار حـل المسـألة الكردية جزءا لا يتجزأ من معالجة القضية الديمقراطية العامة في البلاد..

وهذا الأمر يدل -من جهة- على تأثير لا يزال كبيراً لمن لا يريدون تمثل الـدروس المستخلصة من الهزائم والانكسارات التي شهدها النضال الكردي في ثوراتـه المعاصرة (جمهورية مهاباد في إيران 1946، اتفاق مارس/ آذار في العـراق 1975 وغيرها) وكيـف لعبت أساليب النضال العنيف وتدخل العوامل العالمية والإقليمية دوراً كبيراً.

وهذا مرشح للتكرار اليوم، في إجهاض طموحه القومي بعدما وصلت "اللقمـة إلى الفم" في غير لحظة من لحظات تاريخه، وليس أدل على ذلك سـوى إجـماع الـدول الثلاث المعنية بالمشكلة الكردية -تركيا وإيران وسوريا- على مواجهة أي انـدفاع كـردي قد يربك الأوضاع الخاصة في هذه البلدان ويضعف مساعيها لتأكيد دورها الإقليمي.

وهو أمر بديهي أن تقف الأحزاب وقفة نقدية لتأمل ما حصدته سياساتها بعد زمن من التجربة ولمراجعة مواقفها وحساباتها، الأمر الذي مارسه بالفعل حزب العمال وخلص منه إلى تقديم أولوية النضال السياسي الديمقراطي بصفته خياراً إستراتيجياً لنيل الحقوق القومية، ما دام يعني بداهة نضالاً من أجل مساواة جميع القوميات في نظر المجتمع والقانون، وهو في الحالة الكردية تثبيت الحقوق المشروعة لهذا الشعب المضطهد كحقه في المواطنة وحقوقه الثقافية والسياسية، وحقه المتساوي في المشاركة في إدارة السلطة والدولة، بما في ذلك أيضاً تقرير مصيره بالوسائل والأساليب الديمقراطية.

مثلما خلص إلى أن أعمال العنف والقتل لم تسعفه ولم تثمر الثمار المرجوة، بل بدت هذه الطريق المليئة بالآلام والتضحيات غير قادرة حتى على تعديل توازن القوى في هذا الاتجاه، وبدا أن المراهنين على المواجهات الدامية وتسعير الاضطرابات الأمنية قد أخفقوا في إيقاظ الجمهور وتعبئته مثلما أخفقوا في ضعضعة الدولة التركية أو زعزعة سلطانها، إن لم نقل إنهم منحوها أكثر من مرة ذريعة قوية لاستخدام العنف المضاد على نطاق واسع، ومكّنوا تالياً الجيش والقوات العسكرية من إعادة ترتيب صفوفها وتشديد القبضة القمعية.

إذا كان ثمة أسباب عديدة تشجع القوى الكردية في تركيا على العودة إلى أسلوب العنف والكفاح المسلح، منها ما يتعلق بتخلف مقومات النهوض السياسي

ومنها ما يرجع إلى استمرار مناخات القمع والاضطهاد والشعور بشدة الحيـف والظلم مـن سياسـات الحكومـة التركيـة، فإن تعقيدات المـشهد الـراهن يجـب أن لا تحجب عن عيوننا وجود دوافع أخرى.

بعض هذه الدوافع يمكن إرجاعه إلى أمراض ذاتية مستوطنة -إن على المستوى النفسي أو الاجتماعي- تتكامل مع الدوافع الموضوعية وتتغذى منها وتعزز لدى الناس الاستهتار بأهمية العقلانية السياسية وجدواها، وتزيد من انتشار ظواهر ضيق الـصدر وردود الفعل والتسطيح تجاه حراك المجتمع السياسي والمـدني وتجاه سـلبيات الواقـع وسيئاته، وتزيد تالياً من الأوهام بأن خيار التطرف والمكاسرة هـو مـا يوفر الـشروط المساعدة على تحقيق كل الأهداف.

وبعضها الآخر يمكن إرجاعه إلى ما يشاع عن تناغم في المصالح بين حزب العمال الكردسـتاني وبعـض الأطـراف الإقليميـة والعالميـة، ونخـص بالـذكر الولايـات المتحـدة الأميركية التي يبدو أنها تجد فيما يقوم به حزب العمال ما يساعد على تحويل الانتباه عن الساحة العراقية وما تعانيه من جهة، ولتوظيف هذه التطورات مـن جهـة أخـرى كأداة ضغط على الحكومة التركية لتحذيرها من مغبة دفع مواقفها أكـثر خـارج حقـل السياسة الأميركية.

وهنا يقتضي التذكير بموقف البرلمان التركي من احتلال العراق ثم رفضه تحليق الطائرات الأميركية في الأجواء التركية للقيام بعمليات عسكرية، وأيضاً ببعض الإشارات التي ظهرت من هذا المسؤول الأميركي أو ذاك تعبر عن الامتعاض من مسار التقارب بين السياسة التركية والسياستين الإيرانية والسورية.

والحال، إذ يبقى الاحتمال قائما بأن يشهد الصراع التركي الكردي مزيداً من التصعيد في الفترة القادمة، لكنَّ ثمة رهانا كبيرا بأن تسير الأزمة الراهنة نحو التهدئة وإن تكن مؤقتة، في ضوء التفاهمات التي جرت على هامش مؤتمر إسطنبول لجوار العراق، وفي ضوء وعود صريحة من الحكومة العراقية بإغلاق مكاتب الأحزاب الموالية لحزب العمال ومحاصرة نشاطاته وإبعاد قياداته -إن وجدت- عن الأراضي العراقية.

يتناغم هذا المسار مع دعوة حزب العمال إلى الحوار والتفاهم السلمي مع الحكومة التركية ربطاً ببادرة حسن نية تجلت في إطلاق سراح ثمانية جنود أتراك احتجزهم مع بدء اندلاع المعارك.

هذا الأمر ينقذ من جانب آخر الوضع الخاص لكردستان العراق والذي بات مصيره مهدداً في حال توسع المعارك واحتدامها، فالحرب التركية ضد حزب كردي ستغذي بلا شك الروح القومية شعبياً وتسعر الكفاحية العسكرية، وقد تأتي

على الجهد الذي بذله أكراد العراق في بناء إقليمهم متحداً فدرالياً مع الدولـة العراقية.

من خلال ما سبق يصح القول إن توسيع المعارك على الجبهـة التركيـة-الكرديـة سيقود الشعبين إلى دورة جديدة من المعاناة والآلام ويترك أثاره السلبية على مـستقبل الحقوق القومية الكردية وعلى تركيا ذاتها ومسيرتها الديمقراطيـة، الأمـر الـذي يمنح الأولوية للحوار السلمي وأن يـشكل هـذا المـسار منعطفـاً جديـداً لمختلـف الأطراف وبالأخص حزب العمال الكردستاني.

فهو المعني اليوم قبل الغد بالحفاظ على ما حققـه أكراد العراق مـن تنميـة وتطور، وأساساً بالتخلص من أوهامه بجدوى العمل العسكري أو الرهـان علـى نتائج مجزية من اللعب على العوامل الخارجية ما دام خير من يعـرف مـدى خطـورة هـذه اللعبة على مصالح الشعب الكردي عامة وفي العراق خاصة، عدا عن أنه لا يملك مـن الأوراق ما يساعده على ذلك.

أخيـراً، ومـثلما يبـدو أن الأكراد هـم اليـوم في أمـس الحاجـة إلى العقلانيـة في تفكيرهم وفي كل عمل يقومون به، وليس لـديهم مـن وسـيلة لنـسف المنطق المضاد لهـمـومهم ومطـالـبهم وذاك الجـو المحمـوم باللاعقلانيـة إلا بالعقلانيـة والخيـار الديمقراطي، فإن حزب العدالة والتنمية معني أيضاً بهذا الخيار والتحسب من

170

الانجرار إلى الرهان على لغة الحسم العسكري، وإلا فإنه يذهب -عـن قصد أو
دون قصد- إلى منح الجيش فرصة كي يكون من جديد اللاعب الأول في المجتمع التركي.

المصادر والمراجع

- الإقتصاد التركي والأبعاد المستقبلية للعلاقات العراقية التركية - أ.د أحمد نوري النعيمي ، دار زهران، عمان، الاردن- 2011.

- العلاقات التركية الروسية: دراسة في الصراع والتعاون – أ.د أحمد نوري النعيمي، دار زهران، عمان – الاردن 2011.

- العلاقات العربية التركية تاريخها واقعها ونظرة في مستقبلها ، عمر الحضرمي، دار جرير، عمان- الاردن 2010.

- تركيا والواقع الكردستاني المؤلم، خالد ونوس، مقال في صحيفة تركية 2008.

- العثمانيين والتأثير الإسلامي على مواقفهم، رباب الوالدي، منشورات الجمعية الليبية الثقافية، بنغازي – ليبيا 1980.

- الإعلام التركي، كرفات رضا آغاي، دار النهضة الحديثة، ترجمة وتحقيق، علي ميرزا- دمشق 1993.

- موقع قناة الجزيرة الفضائية (الجزيرة.نت) – مقالات لكتاب عرب واتراك.

172

فهرس الموضوعات

Printed in the United States
By Bookmasters